Mission
ANTARCTIQUE

JEAN LEMIRE

Mission ANTARCTIQUE

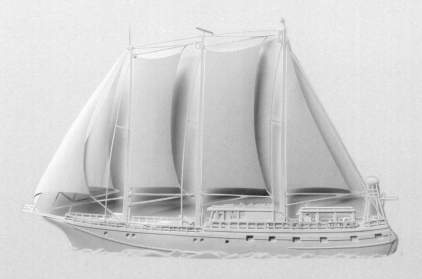

Préface de
DOMINIC CHAMPAGNE

Les Éditions
LA PRESSE

Catalogage avant publication de Bibliothèque et Archives nationales du Québec et
de Bibliothèque et Archives Canada

Lemire, Jean
Mission Antarctique

ISBN 978-2-923194-51-6

1. Expéditions scientifiques - Antarctique. 2. Climat - Changements - Antarctique.
3. Antarctique - Descriptions et voyages. 4. Sedna IV (Navire à voile). I. Titre.

Q115.L45 2007   508.3167   C2007-941732-9

Éditeur invité :
ARA KERMOYAN

Mise en pages :
ARA KERMOYAN – JEAN LEMIRE

Traitement des images :
SYLVAIN LALANDE

Recherche :
GENEVIÈVE LAGACÉ

Infographie :
MARC LEBLANC

Révision, correction :
CHRISTINE DUMAZET

Textes additionnels :
ROBERT BLONDIN
(*Sedna IV. Un autoportrait*)
MIREILLE KERMOYAN
(*L'équipage.*
Jean Lemire, chef de mission)

Coordination :
SYLVIE LATOUR, CHRISTINE REBOURS

Illustration de la couverture :
CALVIN NICHOLLS
Sculpture sur papier, 2007

L'Éditeur bénéficie du soutien de la Société de développement
des entreprises culturelles du Québec (SODEC) pour
son programme d'édition et pour ses activités de promotion.

L'éditeur remercie le gouvernement du Québec de l'aide financière accordée
à l'édition de cet ouvrage par l'entremise du Programme de crédit d'impôt
pour l'édition de livres, administré par la SODEC.

Nous reconnaissons l'aide financière du gouvernement du Canada par
l'entremise du Programme d'aide au développement de
l'industrie de l'édition (PADIÉ) pour nos activités d'édition.

© Les Éditions La Presse

TOUS DROITS RÉSERVÉS

Dépôt légal – 4e trimestre 2007

ISBN 978-2-923194-51-6

Imprimé et relié au Canada

Président :
ANDRÉ PROVENCHER
Les Éditions
LA PRESSE

Les Éditions La Presse
7, rue Saint-Jacques
Montréal (Québec)
H2Y 1K9

514-285-4428

À Richard Sears, vieux loup de mer, qui m'a tant appris...

À Dominic Champagne, pour son génie partagé...

À Roger Frappier et à Josée Blanchette, pour ce qu'ils m'apportent...

À Steven, Renée-Anne et les enfants, précieuse famille d'accueil quand la mer me rejette à terre...

À Martin Léon, Élisapie Isaac, Jorane, Daniel Boucher, Daniel Bélanger et toutes ces voix du Québec qui agissent comme un baume sur ma solitude, aux quatre coins de la planète...

Au peuple inuit, pour tout ce qu'il m'a montré...

Aux enfants du monde, pour m'excuser au nom des grands...

À Isabelle, pour tout ce qui est resté sur le quai des solitudes...

À Marie-Andrée et Julien, pour la suite du monde...

Aux marins virtuels du Sedna, pour leur incroyable soutien...

Table des matières

*Les textes en italique sont extraits du journal de bord de l'auteur.

J'ai rencontré Jean Lemire par un mois de janvier pluvieux. Je rentrais d'un exil de six mois dans le brûlant désert de Las Vegas où la civilisation a atteint des sommets vertigineux et délirants, et lui revenait de son fabuleux périple dans le silencieux désert des glaces antarctiques où il n'y avait pas eu d'hiver véritable...

À l'instant même de notre rencontre, je me suis empressé de partager avec lui mes inquiétudes de père de famille agité par le drame où je me trouvais de ne plus pouvoir jouer au hockey dehors avec mes garçons sur les patinoires de nos hivers d'antan, de nos hivers d'avant le réchauffement... Spontanément, je saluais en lui le héros d'une époque qui ne saurait plus nier l'urgent besoin de remettre à l'heure les pendules de nos comportements et nos thermomètres à niveau!

Je sortais en fait, à mon retour du désert, d'un été passé à planter des chênes sur une terre en friche aux abords du grand fleuve, jusqu'à m'en rompre les os, tant la nécessité de plonger mes deux mains dans l'essentiel et de faire respirer la terre me tenait soudain à cœur, plus que toute autre œuvre en chantier.

Et à entendre Jean parler des extrémités de son aventure, à le regarder contempler le monde et s'en inquiéter, cet Ulysse des errances englacées m'est en effet devenu comme une sorte de héros, investi de l'espoir que la beauté du monde pouvait encore être notre pays, et qu'avec un peu de courage nous pouvions renverser la vapeur qui flottait pernicieusement au-dessus de nos têtes.

Avec l'esprit d'aventure et de curiosité qui l'anime, avec son courage et la lumière de ses yeux brillants, mais surtout avec ce cœur qui bat au rythme des rêves d'éternité qu'il a su partager avec un peuple entier, Jean Lemire nous convoque à l'aventure de nos émerveillements devant la beauté du monde. À la rencontre de nos fragilités avec celles de la nature, il nous invite à nous y coller, à nous y plonger, à nous y fondre, à répondre à ce grand appel du sauvage comme un défi à transcender nos peurs et nos solitudes, et à mettre nos forces en marche.

J'aime à reconnaître chez Jean Lemire l'étoffe de ces héros ancestraux, explorateurs d'horizons et défricheurs d'inconnus qui, de Champlain à Kerouac, d'Ulysse à Théodore Monod, sont partis à la découverte de mondes nouveaux, pour nous emmener avec eux sous les ciels où nous nous sentons plus grands que nous-mêmes.

Courageux avaleur de continents et sensible témoin de la fragilité d'une époque qui voit naître la race nouvelle des réfugiés climatiques (selon la très évocatrice expression qu'il a forgée), Jean Lemire nous entraîne avec lui loin au cœur de ce désir grave que nous avons de ne pas fomenter la fin du monde, mais de nous mettre à l'œuvre, afin que l'on puisse léguer cette planète dans toute sa splendeur aux générations. Et que nos enfants, et les enfants de nos enfants, puissent encore aller s'aventurer sur les patinoires, dehors au mois de janvier.

Avec la parution de ce livre, je ne peux m'empêcher de songer à l'œuvre de Giono et à cette magnifique ode à la beauté de la vie qu'est devenu L'homme qui plantait des arbres *grâce au génie délié par les mains de Frédéric Back. Et je fais le vœu que les songes et les pensées qui parcourent ce récit d'aventures sachent nous mettre à l'œuvre à notre tour, et nous aider à faire, seuls et tous ensemble, notre part pour changer le monde, ou en protéger les merveilles.*

Pour ce courage que tu as eu de te rendre au bout du monde et de nous y emmener avec toi, à la rencontre de nos rêves et de nos angoisses, de notre fragilité et des défis qui nous appellent, mille fois mille mercis...

Dominic Champagne

L'équipage de l'hivernage.

13

Si jamais un membre de l'équipage était sur le point de « péter les plombs », Mariano pouvait désamorcer la crise. Fort de son expérience auprès des familles en détresse, il est fasciné par l'être humain. Les scientifiques sont-ils une espèce à part ? Toute une étude !

Tout arrêter pour vivre l'inconnu !

Mariano Lopez
Intervenant en santé mentale

Pour maintenir le moral des troupes, des petits plats préparés avec amour peuvent faire des miracles. Joëlle était aussi chargée de gérer l'inventaire. Pas une mince tâche quand on doit prévoir des menus pour plusieurs mois.

Veut découvrir le monde…

Joëlle Proulx
Cuisinière

En tant que médecin de l'équipe, François a veillé de son mieux à la santé de tous. Polyvalent, sportif endurci, il fut leader d'expédition et photographe spécialisé dans le Grand Nord et l'Himalaya. Il faisait partie du groupe qui participait à une étude comportementale pour le compte de la NASA. Les sujets d'observation n'ont pas manqué durant le long hivernage !

L'Antarctique en vélo, un rêve fou !

François Prévost
Médecin

Un as du documentaire formé à l'école de l'Office national du film du Canada. Martin, le doyen aventureux, armé de sa caméra et de ses appareils photographiques, a été le témoin privilégié de tous les moments prévus et imprévus de la mission. À cette nature solitaire, l'isolement et la longue noirceur lui allaient comme une seconde peau.

Une vraie « bête lumineuse » !

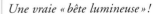

Martin Leclerc
Directeur de la photo

C'est bien connu, pour monter des courts-métrages pour le web, il faut être anthropologue visuel et avoir séjourné au Nunavik ! Amélie, qui, pour une fois, pouvait travailler en équipe, en a profité pour vivre une expérience humaine unique et s'inspirer de l'immensité de l'hiver.

Amélie Breton
Monteuse

La vie quoi, toute la vie, simplement la vie !

Quoi de plus propice que de mener une expérience scientifique sur la photochimie et les gaz à effet de serre pendant le long hivernage ? Damian, qui avait peur de finir par trouver, au fil des mois, les manchots sexy, a su s'adapter aux besoins du moment et en tirer tous les avantages possibles.

Nous traçons notre propre destinée.

Damian Lopez
Chimiste

14

Un micro coiffé de fourrure dans la main, Marco se devait de coller au caméraman. Habitué du Grand Nord et maître de la débrouillardise, il a pu, pendant ses rares moments libres, offrir son aide aux autres membres. Il a même réussi à se faire aimer des manchots!

*L'été à Montréal,
c'est vraiment surfait!*

Marco Fania
Preneur de son

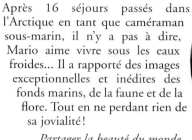

Après 16 séjours passés dans l'Arctique en tant que caméraman sous-marin, il n'y a pas à dire, Mario aime vivre sous les eaux froides... Il a rapporté des images exceptionnelles et inédites des fonds marins, de la faune et de la flore. Tout en ne perdant rien de sa jovialité!

Partager la beauté du monde...

Mario Cyr
Caméraman sous-marin

Serge Boudreau
Plongeur

Tomber dans un monde de glace sans repère, quoi de plus zen? Perdu au fin fond de l'hémisphère Sud, Serge a pu tester son endurance pendant le long hivernage. Heureusement, un an de conditionnement physique et mental pour affronter les risques du métier vous prépare un plongeur!

*Je sais que je ne serai plus
le même en sortant d'ici.*

Pascale Otis
Biologiste

Quand on a toujours les pieds gelés, pourquoi ne pas consacrer tout son temps à l'étude de la résistance au froid dans les pattes des manchots? Et pourquoi ne pas poursuivre en direction des pieds de l'homme (ou de la femme)? Pascale a une autre faiblesse : elle aime le chocolat à la folie! Et une phobie : tomber face à face avec un phoque léopard...

*Partir à l'aventure, toujours
partir comme l'oiseau qui
migre.*

Stevens Pearson
Mécanicien

La plongée mène à tout, même à l'entretien des turbines. Savoir diriger un kayak de mer est aussi un atout, sans oublier le camping d'hiver. Stevens a également mis à profit sa bonne humeur et son souci du travail bien fait pour que tout baigne dans l'huile!

*La passion pour l'aventure coule dans ses
veines!*

Responsable de l'échantillonnage physique, chimique et biologique de la colonne d'eau (pigments, nutriments, salinité, température, biomasse phytoplancto-nique et microbienne, rien de moins!) pendant toute la durée de l'hivernage, Sébastien a eu le temps de respirer l'air frais de l'Antarctique et de vivre chaque jour intensément.

Sébastien Roy
Océanographe microbien

*Ah, respirer l'air frais de
l'Antarctique!*

15

16

Robert Blondin
(collaboration spéciale)

SEDNA IV

UN AUTOPORTRAIT

Mon nom est *Sedna IV*.

Mais j'ai été baptisé *Saint-Kilda*.

Ce nom annonçait mon destin actuel. Les bateaux ont, eux aussi, un destin. Et, parfois, plusieurs vies.

Saint-Kilda s'est en effet avéré prémonitoire. Pensez-y : j'ai été nommé en l'honneur de cette île dirigée par les MacLeod, au large de l'Écosse ; des insulaires qui savaient vivre l'utopie de se tenir à l'écart des guerres, refusant tout monument aux morts, ignorant l'impôt et la politique. Mais vulnérables aux maladies en raison de l'absence de médecins. Des idéalistes, en quelque sorte, qui ressemblaient peut-être un peu à Jean Lemire…

* * *

J'ai toujours été satisfait de mon sort, mais il m'est arrivé, dans la solitude de la brume, de rêver au destin de bateaux célèbres au service de la connaissance. Les bateaux ont aussi, parfois, des modèles, des idoles.

Moi, je rêvais secrètement d'un destin comme celui de l'*HMS Beagle* sur lequel avait voyagé Darwin, du *Pourquoi-Pas ?* du commandant Charcot, de la *Belgica* d'Amundsen, de *La Boudeuse* de Bougainville, de l'*Arctic* du capitaine Bernier, de l'*Astrolabe* et de la *Boussole* du comte de La Pérouse, et même de la *Calypso* du commandant Cousteau. Des bateaux destinés à faire partager leur compréhension de la mer et des terres qui en émergent.

J'ai porté fièrement ce nom de *Saint-Kilda* dès ma construction, en 1957. Ma vocation économique faisait alors de moi un chalutier de 51 mètres en acier. Et je reste fier de ce premier destin nourricier.

J'ai donc servi à récolter les ressources de la mer avant d'accueillir, en 1992, de nouveaux propriétaires qui me confièrent aux meilleurs chantiers d'Allemagne afin de me convertir en *motor sailer* de luxe pour que l'on profite des beautés de la mer.

Finis les cirés de travail. On m'a alors habillé chic et il me suffisait de séduire, de plaire, d'accueillir les privilèges et les privilégiés. Il n'en reste que quelques traces à bord.

Et puis le grand virage. En juin 2001, après m'avoir courtisé pendant une longue fréquentation, un groupe d'actionnaires canadiens a réussi à s'unir à mon destin et à changer encore une fois ma vocation. J'allais servir la compréhension de la mer par la science, et le respect de l'écologie par la passion de mes nouveaux maîtres pour la communication de masse.

Cette nouvelle vocation allait m'amener à sillonner les mers boréales pour toutes sortes de missions scientifiques et médiatiques.

Mais il a d'abord fallu subir les modifications nécessaires à ma nouvelle destinée. Loger plus de monde dans moins de luxe, accentuer la convivialité, satisfaire les besoins médiatiques, accueillir les outils scientifiques et l'équipement de plongée. En somme, faire le nécessaire pour mieux servir la mer, ses passionnés et leurs travaux.

Je sais les défis que les spécialistes et artisans, en particulier aux îles de la Madeleine, ont dû relever pour faire du *Saint-Kilda* le *Sedna IV*! L'utilité et la beauté de leur travail font maintenant partie de moi. Je porte à jamais dans mes flancs mon attachement à Cap-aux-Meules. Il faut s'asseoir autour de mon âme que constitue ma magnifique et grande table du carré pour comprendre l'importance de cet attachement aux Madelinots et la reconnaissance que je leur porte.

Dès mes premières missions en *Sedna IV*, ma timonerie résonnait d'un accent du cœur du golfe du Saint-Laurent! Et le reste de mon intérieur aussi d'ailleurs. Mais, pendant que vous regardez ma photo, laissez-moi vous entretenir de ce nouveau nom dont je suis si fier : *Sedna IV*.

Sedna est une déesse inuite. Je suis une légende!

Elle vivait seule avec son père devenu veuf.

Elle fut séduite par une vile ruse et se maria ainsi avec un être maléfique à qui l'on prête plusieurs formes (chaman détestable, homme-oiseau, chien méchant…).

Elle finit par appeler son père à son secours. Il se précipita dans son kayak et alla la délivrer.

L'époux se mit en colère et déchaîna la mer pour se venger des fuyards.

Le kayak allait sombrer. Le père sacrifia sa fille en la jetant à l'eau. Mais Sedna s'agrippait à l'embarcation. Le père coupa les doigts de sa fille. Les doigts coupés devinrent poissons, les pouces et les paumes se changèrent en phoques, en baleines et autres animaux marins.

Au fond de la mer boréale, Sedna est ainsi devenue une sirène pélagique.

Quand la mer se déchaîne, on dit que c'est à cause de la colère de Sedna incapable de démêler sa chevelure. Il faut la peigner pour calmer les éléments.

Les chasseurs inuits vivent depuis lors dans l'obligation de respecter la mer et les femmes.

Quand on sillonne les mers froides, il faut que les aménagements soient particulièrement chaleureux. Coque de métal pour l'environnement glacial et bois à l'intérieur pour réchauffer les isolements, les solitudes et les inquiétudes… ou pour se réjouir des réussites !

Je vous invite à bord.

Mon pont avant s'encombre un peu des outils de travail, des quinze treuils électriques et des canots pneumatiques, sous le regard hautain des mâts où s'enroulent les grandes voiles bleues.

Je suis une goélette à trois mâts. Et j'arbore 700 mètres carrés de toile pour mes cinq voiles : le génois, la trinquette, la misaine, la grand-voile et ma brigantine. Je n'aime pas beaucoup remonter au vent, mais, au portant, ma raideur à la toile, grâce à mon fort tonnage, me permet de garder toute la voilure, même par 25 nœuds de vent ! Ce n'est pas pour me vanter, mais, sous voiles seulement et dans de bonnes conditions, je peux atteindre 10 nœuds !

Pour répondre aux questions fréquemment posées, disons que je suis à la fois un voilier et un croiseur. À voiles et à « vapeur », comme disait l'autre. J'utilise le plus possible les deux simultanément. Pour les mordus de la mécanique, précisons que ma propulsion diesel est assurée par mon fidèle moteur Deutz de 500 CV qui entraîne une hélice à quatre pales de 1,60 m qui peut me pousser à 8,5 nœuds.

Avant d'entrer dans la timonerie, je voudrais vous indiquer deux endroits privilégiés pour les confidences de l'équipage : la plage arrière, à la poupe, abritée, où ont souvent eu lieu de longues palabres sur toutes sortes de sujets passionnés, et la passerelle de l'étrave, à la proue, qui sert encore souvent aux conversations du gaillard d'avant, comme on disait à l'époque des anciens trois-mâts. On vient s'y isoler seul ou à deux pour confier ses secrets qu'engloutissent les vagues fendues et que les dauphins ne répéteront jamais. Des secrets dont la déesse Sedna, au fond de l'eau, devient la dépositaire silencieuse.

Tout ce que vous voyez sur le pont, y compris les mâts et les voiles, ce sont mes membres. La timonerie, en plein centre, c'est ma tête. Le cœur est en dedans, au carré, et mes entrailles, dans la cale. Je suis aussi organique que vous… ou presque.

Bienvenue dans la timonerie. Mon centre nerveux. La chapelle. Le centre de commandement. Allez-y : assoyez-vous dans le fauteuil du capitaine… Impressionnant, non ?

Descendez l'escalier qui mène au carré. Devant vous, la magnifique table et sa réconfortante convivialité. À droite, le coin salon et ses fauteuils. Au fond, également à droite, la cuisine entourée des banquettes où l'on a tartiné des milliers de toasts… et sucré autant de tasses de café.

Tout au fond, là-bas, tout droit, la salle de montage et de programmation Internet, antichambre de la cabine du chef de mission. Mais, tout de suite, juste ici, à droite, au pied de l'escalier de la timonerie, le couloir des cabines et des pièces plus intimes.

En empruntant l'escalier au milieu de ce couloir, on peut descendre dans la cale où se trouvent l'atelier de réparations, l'équipement de plongée, les réservoirs de fuel et d'eau (grâce à mon désalinisateur) et la salle des machines tout astiquée; rendez-vous au bout de la salle des machines : une porte dérobée mène au grand garde-manger et à l'escalier qui remonte à la cuisine.

Que de souvenirs déjà!

Quand je me repose à mon port d'attache, aux îles de la Madeleine, ou quand je suis en visite dans le Vieux-Port de Montréal, je ressasse des souvenirs aux registres divers. Des frayeurs, des enthousiasmes, des espoirs, des déceptions.

J'ai tiré un trait sur mes identités antérieures.

Je chéris surtout ma vie en *Sedna IV*.

Parmi mes souvenirs marquants : la première traversée de l'Atlantique avec mes nouveaux propriétaires et l'arrivée aux Îles, les tergiversations autour des certifications, le départ pour le passage du Nord-Ouest, les frayeurs et les beautés de l'Arctique, les radoubs à Victoria, le sensuel passage du canal de Panama, les missions scientifiques et les tournages dans le Saint-Laurent, les préparatifs et, enfin, la mission antarctique, la sortie en catastrophe du goulet, l'arrivée triomphale à Montréal et l'affection de tous mes visiteurs (réels ou virtuels)…

Je ne sais pas ce que me réservent Jean Lemire et ses amis dans l'avenir, mais je souhaite ne jamais être dépouillé de mon rôle de transporteur des craintes et des rêves de tous les écologistes d'une planète bleue comme mes voiles.

22

Mission Arctique 2002 – réalisation du passage du Nord-Ouest et circumnavigation de l'Amérique du Nord.

Un jeune rorqual à bosse (*Megaptera novaeangliae*) refait surface sous l'œil attentif de sa mère (Hawaii).

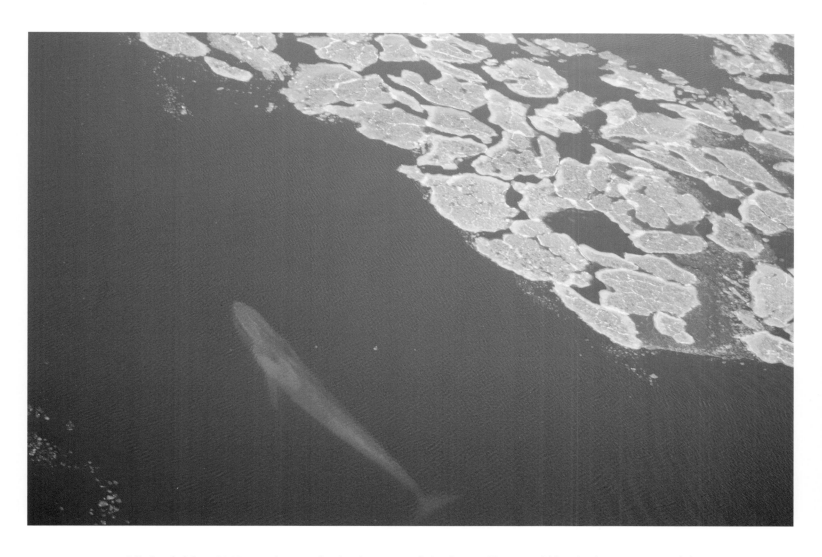

Mission baleines 2003 – sur la trace des derniers géants de la planète. Un rorqual bleu (*Balaenoptera musculus*) nage sous une mince couche de glace dans le golfe du Saint-Laurent.

LA LONGUE ROUTE INTÉRIEURE

Imaginez un voyage. Un très long voyage. Quatre cent trente jours pour interroger le temps. Le temps qu'il fait, certes, mais aussi celui qui passe. Jamais je n'aurais pensé que cette expédition m'aurait transporté aussi loin. Pourtant, la route et le but étaient connus, déterminés à l'avance. Nous avions accepté de naviguer sur les mers les plus hostiles de la planète pour atteindre le dernier continent vierge de la Terre : l'Antarctique. Un voyage au bout du monde pour constater les effets dévastateurs d'un climat en déroute.

Puis, sous la pression et l'usure du temps, une autre destination s'est lentement imposée, sans que je m'y attende. L'autre destination, comme les routes pour y parvenir, allait se fondre à l'expédition véritable. Les chemins allaient s'entrecroiser durant tout le périple, pour mieux se rejoindre et donner un sens à cette grande exploration. Pour tous les membres de l'équipage, il y aurait donc deux voyages : un premier, aux fins fonds de la planète, et un second, intérieur, au bout de soi, passage obligé pour celui ou celle qui accepte de laisser du temps au temps.

Cette visite inattendue dans les sombres couloirs de l'âme n'était en rien planifiée. J'ai rapidement compris qu'un périple vers les extrêmes dissimule souvent son réel défi. Dans des conditions d'isolement complet, sans sauvetage possible, ni rapatriement, la fuite n'est plus une option. Le regard que l'on porte sur soi, confiné devant sa propre solitude, devient alors inéluctable. Le questionnement sur ce que nous sommes s'impose alors et il influe obligatoirement sur ce que nous voulons devenir. La longue route vers le changement, à ce point inévitable, se dresse devant nous, avec ses obstacles nouveaux, ses pentes à surmonter et ses descentes vertigineuses sur ce sens unique vers l'inconnu. Personne ne connaît la destination finale de ce second voyage, pas plus que l'état, en fin de trajet, de celui qui s'est engagé dans ce long parcours de vie.

Devant l'inévitable constat, il faut faire face au nouveau défi, sans préparation, en plus de mener à bien l'autre voyage, ce que tous appellent la réelle expédition. Deux voyages, deux destinations. La grande exploration d'une partie du continent pour y documenter les effets du réchauffement climatique comporte son lot de risques, de difficultés et de défis. Puis arrive, sans que l'on s'y attende, l'autre exploration, la grande traversée intérieure, qui, elle, n'a rien de l'exploit sportif ou historique. Et pourtant. L'expédition discrète et ténébreuse de l'impénétrable en soi est souvent plus périlleuse que les sommets à gravir ou encore les mers hostiles. Pas un vent, pas une vague, ni même une tempête, ne peut se comparer à cela. Le tangage en mer, par forte tempête, déstabilise le voilier. Le brassage des émotions, sous l'effet des vagues intérieures, menace quant à lui le vaisseau amiral. Dans tous les cas, il faut éviter les fausses manœuvres qui mènent inévitablement à l'échouage.

Peut-être faut-il partir pour se retrouver un peu, car on s'égare toujours en chemin, quelque part, un jour. Quitter la route toute tracée devant nous, pour se perdre dans ce que nous sommes devenus, c'est accepter de porter un regard critique sur sa vie. Il faut parfois dévier de notre parcours, quitter le confort de nos vies, pour comprendre que beaucoup de ce que l'on est, et de ce que l'on a, n'est que subterfuge par rapport à l'essentiel. L'échappatoire ainsi imposée à l'artifice de nos vies s'offre en sentiers nouveaux, que nous sommes libres d'explorer.

J'ai toujours trouvé mes repères dans le voyage et le temps. J'aime m'abandonner à la nature pour reprendre contact avec l'instinct naturel qui sommeille en nous. J'ai besoin de me fondre à l'ineffable beauté des grands espaces pour retrouver la prédisposition bestiale dissimulée dans les profondeurs de ce que nous sommes véritablement. Il n'y a pas de honte à se comparer aux bêtes. Ce que j'ai vu d'elles me plonge plutôt dans un sentiment de franche admiration, assorti de beaucoup de respect. Nos origines ne se recouvrent pas sur les artères bitumeuses de nos villes, pas plus que la route vers le long chemin intérieur ne se dissimule dans nos tunnels de béton. Aveuglés par nos mondes fabriqués de toutes pièces, nous croyons tout contrôler, tout diriger. Et pourtant, quand la nature se dresse et qu'elle impose, nous ne sommes rien. Quand vous acceptez de fouler les sentiers de votre propre solitude, vous vous rendez compte que le véritable voyage n'est peut-être pas celui dont vous aviez rêvé…

Nuit antarctique – longue exposition photo pour capter les vestiges du jour.

LE DÉPART

Mission Antarctique se voulait une expédition risquée au départ. Nous savions que la route pour atteindre le dernier continent de glace allait être houleuse, longue et difficile. On ne parcourt pas la planète, du nord au sud, sans risque de tempête, sans se mesurer aux éléments de la nature que les marins ont appris à respecter. Mais que vaut tant de respect quand la nature se déchaîne et que votre voilier fait route, loin au large, seul, sans retraite possible devant la tempête, ou toute autre menace météorologique qui rend la mer intraitable? La navigation au large ne se contrôle pas toujours, pas plus que les éléments de cette nature dont nous faisons partie.

On ne se mesure pas aux quarantièmes rugissants sans appréhension. Pas plus que l'on n'ose la navigation sur les flots des cinquantièmes hurlants sans questionner mille fois le ciel et le temps. Puis, quand arrive le moment de se lancer sur les soixantièmes grondants, tout le monde sait que l'expérience ne suffit plus, que les milles marins accumulés et les rides au front ne garantissent plus rien. Quand la proue de votre navire s'élance timidement sur les flots incertains des soixantièmes, que votre voilier devient tout petit entre les éperons saillants d'une mer toute-puissante, vous savez que vos années de bourlingage en mer ne suffisent plus. Il faut aussi le concours de la chance pour se hasarder ici, pour oser la traversée mythique, celle qui a entraîné par le fond tant de marins expérimentés. La technologie moderne facilite la prise de décision. Elle permet surtout de déterminer le bon moment pour foncer. En expédition, la patience et le jugement dictent le geste et la décision, mais ils n'offrent aucune garantie.

Au-delà de la navigation sur les mers les plus mythiques de la planète, Mission Antarctique voulait s'attaquer au temps et à cet hiver austral méconnu, peu documenté. Le véritable défi de cette expédition résidait principalement dans ces neuf mois d'isolement complet, dans cet hivernage risqué, dans des conditions d'autarcie complète et imposée qui allait emprisonner les membres volontaires de cet équipage dans le sombre hiver antarctique. Nous voulions devenir des témoins privilégiés de cette nature en pleine transformation, pour vivre au rythme de cette région du monde de plus en plus menacée par les changements climatiques. Nous avions choisi le secteur de la péninsule antarctique pour notre hivernage. Cette pointe de terre et de montagnes qui s'étend au nord a subi d'importantes hausses de température au cours des dernières décennies. La majorité des scientifiques qui étudient ce secteur quittent la péninsule avant l'installation de l'hiver. Même la faune, abondante durant l'été austral, préfère remonter loin au nord avant que le territoire ne se fige dans la banquise intraitable de l'hiver antarctique. Certaines bases de recherche demeurent actives durant l'hiver, mais les tragédies se répètent année après année. L'hiver précédant notre départ, les crevasses des glaciers de la péninsule avaient déjà volé cinq vies, sans compter la mort tragique d'une jeune scientifique anglaise, victime d'un phoque léopard, le plus redoutable prédateur de l'Antarctique.

Nous savions tout cela, forts d'une importante préparation. Deux années de recherche exhaustive, de planification et d'études logistiques; trois voyages de repérage pour connaître les sites à étudier, les difficultés propres au territoire visité et les conditions de navigation sur ces mers aux réputations diaboliques. Pour nous préparer à affronter la longue nuit australe, nous avions même établi une importante collaboration avec les spécialistes des questions d'isolement, scientifiques et collaborateurs de la NASA, afin de préparer l'équipage aux difficultés de l'expédition dans des conditions de promiscuité implacables. Pour

Le doute, toujours.

organiser le protocole scientifique, nous avions alloué des mois de consultation et de recherche avec les plus grands spécialistes du climat de la région. Et pour être en mesure d'affronter tous les temps, de la canicule équatoriale à l'hiver antarctique, nous avions investi dans la fabrication d'équipements spécialisés, du traîneau à neige en fibre de carbone jusqu'aux vêtements adaptés aux conditions particulières de froid et d'humidité, confectionnés sur mesure pour chaque situation. À quelques mois du départ, nous étions enfin prêts. Prêts pour l'appareillage. Un départ et une route vers l'inconnu, car malgré toute la préparation essentielle et obligatoire, personne ne sait, véritablement.

Le départ n'est rien. Pas plus que le trajet, les risques, les conditions de vie de l'expédition ou même la destination finale. Il y a pire. Le plus difficile demeure toujours la décision, celle de partir ou de rester, éternel questionnement qui n'en finit plus de gruger le sommeil, le quotidien, le corps et l'esprit. Tous les membres de l'équipage qui ont osé l'hivernage peuvent en témoigner sans hésiter : ils n'étaient déjà plus là avant le grand départ. Cette fission entre le corps et l'esprit constitue un lourd héritage que chacun de nous a réussi à apprivoiser. Pour celui ou celle qui sait maîtriser l'art du refuge dans les profondeurs de l'âme, le détachement de l'esprit s'utilise comme une fuite volontaire de nos propres réalités. Malgré une présence corporelle bien réelle, la fuite spirituelle s'utilise dorénavant comme une option, voire comme une arme contre la société, pour retrouver les souvenirs et les mémoires du temps, conservés dans le coffre-à-âme intérieur, doux réconfort qui permet bien souvent d'affronter ce que nous sommes et ce que vous êtes. Nous avons appris à fuir la réalité de nos vies, sans que rien y paraisse, capables de rejoindre notre refuge intérieur,

patiemment façonné à force de temps et d'isolement.

Dans tout voyage, il y a toujours une part de fuite. Les proches le savent, eux qui ont supporté l'attente, l'angoisse et l'anxiété précédant la décision finale menant au départ. Sans exagération, il est aujourd'hui vrai de dire que les personnes que l'on aime, avec qui l'on partage sa vie, ont souffert de notre absence, malgré notre présence précédant le départ. À ce stade de nos vies, au moment d'accepter de tout laisser derrière nous, nous n'avions pour seul refuge que notre propre solitude. Chacun d'entre nous a alors entrepris la construction de sa tanière intérieure, celle qui allait lui permettre de surmonter et d'affronter la pression du temps.

Une fois que l'on est engagé et investi, quand la décision de partir est enfin prise, le doute persiste encore et encore, s'éternisant, comme une pression constante qui érode peu à peu les fondements de la conscience. Les amarres qui nous retiennent à nos vies sont puissantes. Oser la rupture avec ceux et celles que l'on aime demande une force démesurée. Certains pourraient plutôt parler de lâcheté, d'abandon et de fuite irresponsable devant nos engagements. Les mots acerbes de ceux et celles qui ont subi la fatale déchirure du cœur se conçoivent et s'entendent encore. Je garde en mémoire ces paroles qui traduisent la juste incompréhension du cœur. En guise d'armure fragile, il m'aura fallu ériger un mur d'indifférence, façonné à grands coups d'arguments sans doute injustifiés et injustifiables, pour affronter les vacarmes d'une âme rendue prisonnière. Cuirassier se défendant devant un amour intransportable, laissé sur un quai au carrefour de nos vies, il aura fallu tout cela et même plus pour oser le départ, pour gravir l'ultime marche avant le grand saut. Même le recul ne permet toujours pas de trouver les mots pour justifier l'abandon et la fuite. Malgré le temps, ils résonnent toujours en moi. Malgré le temps, je sais qu'ils résonnent toujours en nous. Mais, au moment du départ, l'entendement et la raison n'ont plus la même signification. Et malgré ce que l'on en dit ou ce que l'on en pense, la perpétuelle réflexion s'est poursuivie, constante, incessante, faite de remise en question et d'hésitations continues.

Après toutes les tergiversations de l'esprit, le temps de rompre les amarres s'impose. Dès lors, la vigueur et la verdeur de la réflexion s'alanguissent. Raison et logique n'exercent alors plus la même influence sur la décision, à mesure que s'ouvre la voie désormais toute tracée dans le grand labyrinthe des pensées.

Les ponts se coupent alors avec ce que l'on est, avec ceux et celles que l'on aime, sans trop comprendre, sans trop saisir pourquoi et comment. L'appel du large est plus fort que tout,

et il faudra dorénavant apprendre à vivre avec les remords de sa propre décision, pour toujours, comme une fatalité que l'on s'impose et qui ne laisse que peu d'espoir pour demain. À cent lieues du retour, on anticipe pourtant la rentrée que l'on sait forte et déjà bouleversante. Le temps de partir ne laisse que peu d'espace à celui d'un retour, car nul ne connaît encore les ravages d'une telle décision. Le doute, toujours.

Les sombres pensées s'affilient alors au fantôme intérieur qui, à chaque moment d'incertitude, s'exprime en sourdine pour remettre en question l'ultime décision. Pourtant, sans trop savoir pourquoi, le retour en arrière n'est déjà plus possible. Revenir sur sa décision serait un échec, comme l'abdication insurmontable et probablement fatale d'une promesse faite à soi-même.

Réflexion

36

DANSER AVEC LA MORT

Accepter de partir pour cette mission, c'était inévitablement consentir à danser avec la mort. Tout était mis en œuvre pour éloigner la mort, pour que la sécurité des troupes prédomine par-dessus tout. Mais tous savaient que le grand couperet serait là, constant, planant au-dessus de nos têtes, guettant la moindre erreur, le manque de concentration qui plonge la victime dans une noirceur sans fin. Le geste stupide, le risque inutile, la manœuvre ou l'action téméraire seraient nos pires ennemis. Puisque nos conditions d'isolement ne permettraient pas le sauvetage ou le rapatriement, nous ne pourrions compter que sur la force de cette équipe pour surmonter les épreuves et le temps.

Faire face à la mort. Pourquoi ? Nous n'avons pourtant que peu d'estime pour le défi sportif ou l'exploit historique. Absolument rien de cela ne peut justifier les motivations de notre engagement. La peur de mourir sans le vouloir réside en nous. Elle se dissimule toujours derrière l'apparence trompeuse et fabriquée de tous les aventuriers. Pour un marin, mourir au large constitue toujours une possible avenue vers la fin. Pour le découvreur des mondes polaires, périr sur une banquise en dérive fait partie des risques du métier. Sur les terres de glace, tous redoutent les crevasses, failles saillantes impardonnables pour l'explorateur qui ose marcher sur les archives du temps. Tout cela n'a rien d'un jeu, même si nous savons, dès le départ, que nous jouerons inévitablement avec la mort. La confrontation est inévitable. Personne ne peut dire quand ou comment, mais tous savent bien qu'il faudra se battre, un jour ou l'autre, pour défendre notre droit à poursuivre notre mission. C'est le sort inéluctable de toute expédition de ce genre. Pour nous, revendiquer le privilège de nous battre pour poursuivre la mission, signifie bien souvent le droit de combattre pour notre propre survie.

Un voyage, deux destinations. Certains diront qu'il s'agit plutôt de deux voyages et d'une même destination. Peu importe. Il fallait partir. Partir pour redonner une signification à l'équilibre naturel qui régit la vie : celle d'une nature, que nous tentons de comprendre, et celle de nos vies, que l'on égare souvent en chemin.

Partir. Longtemps. Peut-être même un peu trop. Pour revenir avec les cales remplies de preuves irréfutables d'un monde en plein bouleversement. Pour partager, avec vous, notre regard sur les beautés d'un monde fragile et méconnu. Au-delà du discours écologiste ou du sermon moralisateur et engagé, j'aime à penser que c'est cette simple beauté qui, un jour peut-être, sauvera le monde.

Pour naviguer, il faut bien sûr des marins. Le *Sedna IV* en possédait plusieurs centaines de milliers! Des marins virtuels qui nous accompagnaient chaque jour, à chaque escale, tout au long de la longue route vers l'une ou l'autre des destinations. Internet a permis au public de participer à l'expédition et de communiquer avec les membres embarqués dans cette grande aventure. Les mots des internautes sont devenus de véritables baumes pour chasser l'isolement, une réelle pommade d'amour virtuelle, appliquée quotidiennement sur la solitude des marins véritables. Chaque jour, par satellite, je vous lançais des mots. Je me souviens du tout premier journal de bord, écrit une nuit de septembre. Après deux années de préparation intense, d'efforts et de sacrifices, *Sedna* naviguait enfin, et notre monture avait fière allure! Toutes voiles dehors, poussé par les alizés des Açores, *Sedna* osait des pointes de vitesse à plus de dix nœuds, sous vent portant, en route vers le Grand Sud. Ce soir-là, enfin libre, je vous écrivais :

Toute histoire a un début. Et la mienne commence quelque part au milieu de l'Atlantique, sur le bleu d'une mer infinie. Alors que je suis penché sur le pont du voilier, le simple reflet de ma silhouette, réfléchie sur cette psyché sans fin, me renvoie une certaine image que je cherchais depuis longtemps.

Debout devant le grand bleu, infléchi devant ce miroir qui dissimule l'au-dessus et l'au-dessous, je ne perçois aujourd'hui que du bleu. Pourtant, demain, à travers ce même bleu et ces mêmes yeux, je souhaite voir et comprendre un peu tout et encore plus. J'aurai exploré, je l'espère, l'au-dessus et l'au-dessous, en me questionnant forcément sur l'au-delà…

Bleu de tes flots qui nous portent vers le sud. Bleu de ce ciel qui nous souffle l'alizé, force motrice venue du nordet, qui gonfle nos voiles et nos cœurs d'espoir pour ce qui se cache derrière cet horizon sans fin. Car il sera long le voyage, celui d'une vie, sens unique imposé vers l'intérieur pour ceux et celles qui se laisseront pénétrer par eux-mêmes. Tous les efforts d'hier valent bien ces petits bonheurs aujourd'hui. Et nous ne sommes qu'au premier jour. Il en reste encore 429…

L'ESCALE AU CAP-VERT

Il y a des escales inoubliables, qui vous marquent, pour toutes sortes de raisons. L'escale au Cap-Vert, archipel au large des côtes occidentales de l'Afrique, demeurera profondément ancrée dans nos mémoires. Nous ne savions rien du pays de Cesaria Evora, si ce n'est les chants de ces femmes dont les complaintes ont franchi les frontières. Devant tant de pauvreté, un inconfort ressenti par notre bande de marins privilégiés, à la recherche de denrées fraîches pour la suite du convoyage. Le sourire des enfants du marché fera désormais partie du voyage. Pour ne jamais oublier l'injustice dans le partage des richesses de ce monde…

L'imagination l'emporte souvent sur la vie. Le Cap-Vert, chapelet d'îles perdues au large de l'Afrique, devait être exotique, avec ses palmiers et sa langue chantée, celle de Cesaria Evora, chaude et rythmée.

Le Cap-Vert, avec ses enfants qui courent entre les vagues sur les plages de sable blanc, ses pêcheurs qui vous saluent au passage, leurs barques chargées à ras bord de thons, de dorades, de langoustes et autres délices d'une mer abondante.

Le Cap-Vert, avec ses fruits exotiques disposés sur les étals des marchés publics, goyaves aux arômes des tropiques ou encore papayes aux couleurs d'un soleil en déclin. Voilà l'image que je me faisais de ce petit paradis perdu au milieu de l'Atlantique. Mais la réalité rattrape vite les faux espoirs et rappelle que l'imagination ne s'inspire que de ce qu'elle veut bien féconder.

Nous avons fait escale à Mindelo, ville portuaire de l'île São Vicente. L'exotisme imaginé n'est pas au rendez-vous. Les villes ont cela de bien. Elles vous donnent l'heure juste sur la réalité économique d'un pays.

Ici, le mot « économie » ne semble pas encore figurer au grand dictionnaire de la vie. Chacun y va de ce qu'il peut pour survivre. Pas étonnant de voir arriver sur le quai des dizaines de volontaires pour ramasser nos amarres.

Ils sont aussi guides, surveillants maritimes ou encore banquiers de la rue, toujours prêts à échanger vos devises au taux du jour. Si vous n'avez besoin de rien, ils seront là, collés à vos sandales, toujours prêts à vous aider, à vous guider et même à vous exploiter un peu. Mais comment ne pas encourager celui qui n'a absolument rien, à part une famille à nourrir.

Comment ne pas être touché par ces enfants aux pieds nus qui vous demandent la charité. Et comment, par la même occasion, ne pas porter un regard intérieur sur ce que nous sommes. Comment ne pas nous comparer pour mieux apprécier notre sort, pour nous réjouir en silence d'être nés du bon côté de la vie.

On ne juge pas, on constate. Puis on se sent mal, terriblement coupable de n'être que ce que nous sommes. On ne mesure pas assez la pauvreté du monde avant d'y faire véritablement face.

Durant nos allers-retours réguliers entre le voilier et le marché de poisson, nous reconnaissons déjà des visages, des femmes et des enfants, condamnés à leur trottoir, avec quelques bananes ou poivrons qui rapporteront peut-être suffisamment pour aujourd'hui. Mais il faudra recommencer demain, puis encore après-demain. C'est ainsi que l'on fait le trottoir, ici. C'est ainsi que l'on survit, là-bas.

Les enfants attendent les mères à proximité ou essaient d'apporter leur contribution en mendiant aux étrangers comme nous. Mais nous sommes si peu. Le Cap-Vert n'a rien de la destination touristique des grandes agences qui vendent de l'exotisme au rabais. Trop pauvre, trop sale, pas assez bien-séant et peut-être même un peu trop noir. Et pourtant, ce peuple vous accueille, vous invite et vous offre ce qu'il a, c'est-à-dire bien peu pour ceux et celles qui ne savent porter un regard sur l'intérieur. L'accueil de l'étranger est gratuit et sincère.

Ici, le regard de la pauvreté s'exprime à travers l'enfant, comme une longue lame tranchante qui vous arrache une partie du cœur. Dans ces moments, vous maudissez presque ce que vous êtes. On se demande alors pourquoi tant d'injustice sociale, pourquoi tant de différences entre les peuples. Certains parleront de couleur de peau, mais notre court passage au large de l'Afrique n'explique pas tout. J'ai vu des enfants de toutes nationalités me jeter le même regard envieux. Ils ne connaissent pourtant rien de moi. Ils ne savent même pas si je suis heureux. Et pourtant, dans leurs regards d'enfants, je sens ce désir d'inter-vertir les rôles, de changer de place avec moi, pour prendre ma vie, sans même savoir. Car, pour eux, rien ne peut être pire que le quotidien, quand chaque jour attire sa peine et qu'il faut trouver de quoi calmer l'appétit. Manger, tout simplement. Un besoin si élémentaire, essentiel, vital. Je ne parle même pas de se vêtir convenablement, de trouver chaussures à ces pieds nus, durcis et déjà marqués par le temps. Je ne vous parle pourtant que d'un enfant.

Nous avons fait provision au marché de poisson et sommes repartis. Certains enfants, sachant qu'ils n'auraient rien ou presque de nous, semblaient ne rechercher que de l'espoir dans mon regard. Nous avons partagé le regard, échangé des sourires, puis nous sommes repartis. Dans nos sacs, lourds de thons et de dorades, nous rapportons ce que nous sommes venus chercher. Mais nous rapportons aussi de la compassion et, je l'espère, une portion d'éter-nité transmise à travers ce regard d'enfant, pour qu'il nous rappelle sans cesse que nous ne donnons pas assez.

Nous avons fait provision au marché de poisson et sommes repartis.

Je ne suis même pas certain d'avoir laissé derrière moi ce que cet enfant m'avait simplement demandé : un peu d'espoir dans le regard. Car devant la réalité du monde, souvent, trop souvent, on baisse les yeux pour ne pas trop voir...

Les alizés continuent de pousser notre voilier selon les plans prévus, en suivant la route des grands courants et des vents dominants. Notre plan de route, inspiré des grands navigateurs d'hier, permet de respecter le calendrier avec une étonnante précision. Le passage du Pot au Noir, ce secteur redouté par les marins d'hier en raison de ses faibles vents, a même permis de garder la voilure au portant pour atteindre rapidement les côtes du Brésil. Les baleines et les oiseaux marins nous accompagnent, seuls signes de vie à des milles à la ronde. Nous sommes seuls, perdus au large d'une petite planète, et c'est très bien ainsi. Un mois que nous sommes partis, que nous avons laissé derrière nous nos repères et nos amours. Un mois et, déjà, le goût de l'escale s'est dissipé. L'envie de sentir le large pour profiter d'une autre vision, offrande généreuse de la mer. Un mois déjà. Loin, seuls, mais toujours ce sentiment d'appartenir à une toute petite planète.

Éole gonfle nos voiles depuis notre départ des îles de la Madeleine, et Neptune semble apprécier notre passage vers le Grand Sud, tant sa clémence est bonne pour nous. Les conditions de navigation depuis notre départ sont exceptionnelles, et nous engrangeons les milles au rythme inespéré de plus de 200 par jour. Rien n'est comparable à ce sentiment indescriptible du vent de mer sur la peau, quand l'horizon est sans fin et que la brise lève ses embruns rafraîchissants, salant tout sur son passage, y compris nos visages aux teintes de soleil.

Plus de 10 000 kilomètres parcourus en un mois et toute une multitude de cultures croisées par le large, sans y faire escale. Les langues et les mœurs se succèdent loin par tribord ou bâbord, selon la côte que nous longeons. Elle est d'Amérique du Nord, d'Europe, d'Afrique ou encore d'Amérique du Sud. Comme cette planète est petite !

Entre les continents que nous laissons en poupe, il existe une autre culture, la nôtre, celle que nous partageons avec les marins au long cours, ceux du large. Ils sont d'origines diverses, mais, comme nous, ils ne parlent que le marin, cette grande langue universelle maritime qui nous unit et qui installe un certain respect entre nous. C'est cette culture que je préfère, car elle semble répondre davantage aux lois naturelles. Illusion de celui qui rêve encore ou réalité incontournable des lois réellement naturelles ? Ici, au large de tout, le seul réel dirigeant, c'est le vent qui décide la mer.

Ici, pas d'économie véritable, si ce n'est la gestion des réserves du navire jusqu'au prochain port de ravitaillement. Et c'est très bien ainsi.

Plus de 10 000 kilomètres parcourus en un mois et toujours ce sentiment plus fort que tout : nous vivons sur une bien petite planète… Un mois pour quitter l'Amérique du Nord, rejoindre l'Europe, courtiser les côtes de l'Afrique du Nord avant de retraverser l'Atlantique pour lorgner du côté de l'Amérique

du Sud. Nous avons laissé derrière nous un climat tempéré pour naviguer en climat tropical. Nous avons franchi l'équateur et avons changé d'hémisphère.

Tout cela accompli en un seul petit mois. Et encore, Sedna n'a rien d'un cheval de course.

Au centre des océans, nous avons croisé des cargos énormes, de véritables îles flottantes, qui faisaient presque trois fois notre vitesse. Peut-être faut-il voyager ainsi pour comprendre la petitesse de notre planète.

Et peut-être faut-il encore voyager ainsi pour, malheureusement, constater aussi la petitesse de notre attitude environnementale. Trop souvent, nous nous confinons dans une localité d'esprit et nous oublions, à grands coups d'ignorance, à quel point le monde est petit.

La petitesse en ce monde vient souvent de l'esprit de celui qui la regarde...

Comment ne pas comprendre que tout est lié, que tout est toujours lié sur cette planète. Que nos gestes, accomplis localement, auront inévitablement une influence sur cette petite planète. Nous pensons, à tort, que nos gestes n'ont d'impact que dans notre cour. Que notre influence sur l'environnement planétaire ne se mesure pas, tellement elle est négligeable. Appliquez cette règle d'insouciance aux quelque six milliards d'humains et vous obtiendrez le triste portrait de notre réalité environnementale actuelle.

La machine climatique planétaire souffre d'un trop-plein de gaz à effet de serre. Elle étouffe sous nos rejets de gaz carbonique, sous la combustion du charbon de nos villes, du pétrole de nos voitures, de nos centrales thermiques, de nos produits industriels qui alimentent une surconsommation de tout.

Avec le Sedna, nous avons franchi l'Équateur, la zone la plus chaude de la planète. Pour permettre la vie sur Terre, cette chaleur doit se dissiper et se répartir grâce à un système complexe de vents et de courants qui transitent tout autour du globe. C'est le principe même de la grande machine climatique mondiale.

Nous faisons route vers la péninsule antarctique, l'endroit le plus touché par les changements climatiques sur la planète. Sous ces latitudes, pas de développement industriel ni d'usines polluantes. Même pas d'humains, à part une poignée de scientifiques saisonniers. Pourtant, si loin au sud, les effets de l'activité humaine se ressentent plus que n'importe où ailleurs. La péninsule antarctique s'est réchauffée cinq fois plus rapidement que le reste du globe, résultat de l'appétit insatiable des hommes pour les ressources fossiles de la planète.

Loin, l'Antarctique ? Pas vraiment. L'eau de la mer équatoriale sur laquelle nous naviguons présentement a déjà transité par l'Antarctique. Les océans participent efficacement à la régulation de la température moyenne de notre planète en dispersant la chaleur, selon un système complexe de courants, alimentés par le jeu des différentes couches d'eau océaniques, aux températures et aux densités différentes.

Les grands vents atmosphériques transitent aussi par les pôles, entraînant dans leur voyage les particules de l'équateur, les polluants de nos usines, les rejets de nos activités industrielles. On trouve de tout aux pôles : des pesticides, des herbicides, des polluants organiques persistants qui s'accumulent déjà dans les graisses de tous les êtres vivants de l'Arctique à l'Antarctique.

Aujourd'hui, les effets des changements climatiques bouleversent la vie un peu partout sur la planète. Que l'on soit des Amériques, de l'Europe, de l'Asie ou de l'Afrique, nous dépendons tous de l'Antarctique pour notre survie.

Quand nos regards portent vers l'horizon sans fin, on ne voit souvent que le néant, le grand vide. Mais on voit bien ce que l'on veut voir. Au-delà de cet horizon, il y a tout le reste et, peut-être trop souvent, surtout, tout ce que l'on refuse de voir. À n'en pas douter, nous vivons sur une bien petite planète.

« La petitesse en ce monde vient souvent de l'esprit de celui qui la regarde », disait un homme à la langue de marin. Comme cette planète est petite…

46

BUENOS AIRES – DERNIER REGARD SUR LA VILLE

Une dernière escale avant l'arrivée des troupes et le début véritable de la mission. Déjà, des marins nous quittent, embarqués pour cette simple portion du convoyage. Merci, amis des eaux chaudes et clémentes. Allez retrouver ceux et celles que nous avons laissés derrière nous, ceux que nos cœurs et nos pensées n'arrivent toujours pas à oublier. Il faudra beaucoup de temps pour renoncer à ce que l'on était.

Notre escale ici durera une semaine, temps minimum pour préparer la prochaine année. À partir d'ici, tout doit être impeccable, car les bris mécaniques pourraient avoir des conséquences irrémédiables sur l'expédition. Buenos Aires constitue notre dernier arrêt avant la longue route vers les îles subantarctiques. Nous devons maintenant faire les provisions nécessaires pour le reste du voyage. Cette semaine, nous devons déjà organiser toute la logistique pour l'achat et le transport de la nourriture et du carburant qui seront acheminés par brise-glace, en mars prochain… L'erreur ou les oublis ne sont plus permis, et nous serons condamnés désormais à vivre avec les choix que nous ferons cette semaine.

Plus que quelques jours avant le véritable grand départ, celui qui nous mènera vers le Grand Sud et ses vents terrifiants. Mais nous sommes prêts. Une dernière dose de ville dans l'une des plus grandes et belles cités du monde, avant de s'abandonner volontiers aux vents largues.

Le regard que l'on porte durant ses courtes escales est différent, transformé par ce que nous nous apprêtons à vivre. Est-ce le risque, la décision ou l'abandon qui transforme notre vision de ce que nous sommes ? Pourquoi l'escale prend-elle soudainement une autre signification ? Nous sommes venus pour faire le plein de ce que nous sommes, une dernière fois avant le grand isolement. Venus partager un dernier regard sur ce que nous avons construit. Les villes, et surtout les capitales, ne peuvent se dissocier des modèles que nous avons créés. Après tout, peut-être est-ce cela qui motive autant le départ et l'abandon ?

Buenos Aires, pour un dernier contact avec l'humanité, une dernière image, précieuse, à conserver en souvenir de nous.

Buenos Aires la charmante. Avec son tango, son architecture magnifique et ses couleurs européennes. J'aime l'Argentin et l'Argentine, mais Buenos Aires la pauvre aussi. À quelques minutes des quartiers branchés de la ville, la dure réalité vous rattrape, comme une autre gifle au visage qui nous montre, encore une fois, l'inégalité des choses. Encore une escale, encore un miroir sur ce que nous sommes.

Hier matin, à l'aube, Charles et Michel sont allés courir, pour faire passer les kilos de bœuf engloutis durant l'asado de la veille. Pour éviter de revenir sur leurs pas, ils ont décidé de prendre à gauche, juste après le petit viaduc, celui qui surplombe l'autoroute. Ils auraient pu choisir la droite. Ils auraient été alors dans le quartier des affaires. Mais ils ont choisi d'aller à gauche. La gauche, souvent, c'est l'avenue du peuple.

Or, ici, le peuple ne vit pas dans ce que nous voyons de Buenos Aires. Pour rester dans les normes et voir ce que vous devez voir, il faut plutôt opter pour la droite…

47

À gauche, les rues ne sont pas vraiment des rues et les maisons, pas vraiment des maisons. Quelques tôles froissées, empilées et sales, ou encore une boîte de carton, que l'on recouvre comme on peut, souvent d'une grande bâche bleue pour l'imperméabiliser. Voilà bien souvent tout ce que l'on a, comme maison, comme abri, comme moyen de survie.

Ici, au cœur du bidonville, à quinze minutes à peine du centre-ville et de ses tours de bureaux, les maisons de fortune se succèdent sans fin. On ne parle plus d'exception ou de malchance. Pour survivre, de véritables petites villes ont poussé dans la grande ville. Pour survivre, certains Argentins recyclent tout ce qu'ils peuvent trouver pour confectionner un abri. Vous me direz que c'est une situation que l'on retrouve dans toutes les grandes capitales du monde. Que c'est pareil au Brésil, au Mexique, en Égypte ou même aux États-Unis. Mais nous sommes à Buenos Aires, et cette escale représente pour nous le dernier contact, le dernier regard porté sur la civilisation.

Cette escale s'imprégnera en nous, comme une dernière image, un dernier témoignage sur ce que nous sommes et sur ce que nous laissons derrière nous.

Charles et Michel sont allés courir l'autre matin. Ils ont tourné à gauche.

On leur avait dit de tourner à droite. Ils ont vu des choses que l'on tente normalement de cacher. Pas par honte ou par fierté mal placée, puisque toutes les grandes villes ont leurs bidonvilles. Personne ne serait donc à blâmer, pas plus ici qu'ailleurs ? L'universalité d'une situation ne justifie pourtant rien. Certains promoteurs locaux organisent même des visites guidées dans les bidonvilles, pour les touristes, dans de riches autobus climatisés aux vitres teintées.

Charles et Michel sont allés courir l'autre matin. Ils ont tourné à gauche. On leur avait dit de tourner à droite. Vous ne verrez pas de photos, ils n'en ont pas pris.

Dans nos escales, avec le regard d'Occidentaux que nous portons sur les cultures, les gens et leurs conditions de vie, nous sommes souvent face au miroir de nous-mêmes. Nous ne comprenons pas toujours bien, mais nous ressentons les choses. Des choses difficiles à expliquer, à comprendre, comme l'injustice, l'inégalité et la pauvreté. Nous ne comprenons pas tout, mais nous ressentons.

Charles et Michel sont allés courir l'autre matin. Ils ont tourné à gauche. On leur avait dit de tourner à droite. Mais, avec du recul, ils sont plutôt heureux d'avoir opté pour la gauche.

La gauche, bien souvent, c'est l'avenue du peuple...

48

Quarantièmes rugissants, cinquantièmes hurlants et soixantièmes grondants. Les défis de la mer Australe.

Nous avons retrouvé la mer avec bonheur, laissant derrière nous Buenos Aires, notre dernière grande escale qui marque la fin du convoyage. Les nouveaux membres de l'équipe tardent à trouver leur pied marin, et nous perdons des joueurs à mesure que les vagues gagnent en intensité. Il faut dire qu'un virus a élu domicile à bord, souvenir d'escale qui risque de faire des ravages à court terme. L'isolement des marins les protège efficacement contre les maladies de passage. Nos contacts avec la ville et l'humanité n'ont pas que du bon. Ils permettent les abus, la maladie et tout ce que nos sociétés véhiculent.

Nous avons laissé en poupe les quarantièmes rugissants pour affronter les cinquantièmes hurlants, ces latitudes que la plupart des marins tentent d'éviter. La mer n'est pas si mauvaise, mais nos nouveaux marins ont du mal à s'adapter. Ils supportent difficilement la valse interminable qu'inflige la mer sous ces latitudes. Nous devrons nous y faire. Les vents détermineront désormais l'horaire et l'itinéraire.

Un étrange sentiment s'est installé à bord. On dirait presque de la tristesse. Peut-être parce que nous nous rendons compte, à cette étape, que ceux et celles que nous aimons sont bel et bien restés derrière nous. Peut-être est-ce simplement la fatigue des villes. Je l'espère. Car la route sera longue, et nous aurons besoin de toute l'énergie nécessaire pour affronter le temps, celui qui file et qui ne revient jamais, mais aussi celui qui reste devant nous et que l'on veut parfois oublier, tellement la tâche semble colossale.

L'équipage continue de naviguer avec talent et expérience, évitant les dépressions qui passent rapidement sous ces latitudes. Depuis notre départ des îles de la Madeleine, le 19 septembre dernier, nous avons parcouru plus de 14 000 kilomètres, effectué quatre escales (Açores, Cap-Vert, Montevideo et Buenos Aires), lancé 210 bouteilles à la mer dans le cadre de notre étude sur les grands courants océaniques, réalisé 70 stations d'échantillonnage océanographique pour mesurer les données physiques de la colonne d'eau (température, salinité et densité) et collectionné quelque 70 échantillons de plancton à des profondeurs variant de 0 à 100 mètres. Nous sommes en mer depuis déjà 51 jours, et demain marquera la fin de notre convoyage. À l'aurore, nous toucherons enfin le sol des îles Malouines. Pour la majorité de nos hôtes, nous serons plutôt aux îles Falkland. Mais nous ne sommes pas venus jusqu'ici pour faire de la politique internationale. À vous de choisir le nom qui vous convient…

Le bilan du convoyage est assez facile à faire. À part la mort tragique d'un congélateur et la perte d'une cinquantaine de kilos de nourriture, le décès dramatique de notre appareil à désalinisation qui nous a contraints aux rations d'eau pendant des semaines, une sous-tension électrique qui a grillé quelques convertisseurs de courant et, surtout, les attaques répétées et sournoises des poissons volants qui sautaient sur le pont du voilier dans les chaudes latitudes, nous garderons tous un souvenir impérissable de cette longue et heureuse traversée.

Le convoyage a permis d'apprécier les forces de l'équipage. Plus qu'une simple équipe, nous sentons déjà l'esprit de famille qui s'installe, essentiel pour ce genre d'expédition. Demain, une nouvelle étape commence. Demain, nous ne ferons qu'un avec une nature méconnue, perdue aux fins fonds de la planète. Enfin…

La marche des manchots papous (*Pygoscelis papua*)

LES ÎLES MALOUINES - OU FALKLAND

Le spectacle de la nature s'offre à nous comme une suite de tableaux impressionnistes que l'œil a du mal à enregistrer, tellement les éléments s'harmonisent de façon naturelle. On ne parle pas assez de ce coin de planète, perdu au milieu de l'océan Austral. Certes, les conditions pour accéder à ce paradis perdu ont tout pour effrayer une majorité. Mais, croyez-moi, tous les efforts et les sacrifices valent bien ces instants de pur bonheur, perdus au milieu d'une foule de manchots, d'albatros ou autres oiseaux marins.

Ici, la faune a peu de prédateurs. Elle ne redoute donc pas les humains. Ici, l'humain n'est qu'un animal comme les autres.

À chaque falaise nouvelle où s'amoncellent les nids d'albatros, à chaque vallée rocheuse où s'entassent les manchots, gorfous ou cormorans, toujours le même sentiment étrange, toujours la même question : qui observe qui ? Rien de comparable avec nos animaux du Nord. C'est le monde à l'envers ! Normal, après tout, nous sommes de l'autre côté de l'équateur.

En touchant terre, je me suis isolé dans cette nature inspirante. Pendant des heures, j'ai simplement partagé une certaine solitude avec ces oiseaux, laissant les plus téméraires m'approcher, me toucher même. Entre les vols des cormorans, la complainte amoureuse des albatros et le toilettage des gorfous sauteurs, j'ai revu poindre en moi une portion d'éternité, un moment de pur bonheur, qui me rappelle pourquoi je suis parti, pourquoi j'ai tout quitté, encore une fois.

Pour ceux et celles qui n'ont jamais compris ou qui pouvaient encore douter, je vous le redis : c'est ici que je trouve une certaine paix intérieure, n'en déplaise à ceux et celles qui tentent de me retenir. Comme si le bonheur des uns ne pouvait se trouver que dans la solitude des grands espaces, et dans l'abandon inévitable mais essentiel des autres.

Cette nature que l'on observe nous enseigne beaucoup de choses. Elle nous montre surtout que, en notre absence, elle s'harmonise et s'auto-contrôle avec grâce et beauté. Non pas que l'humain doive s'en exclure – loin de moi cette pensée. Il doit au contraire s'en rapprocher pour mieux y trouver sa place. Inutile de mettre en parc ou de tout cloisonner pour protéger. Il suffit souvent de montrer la beauté du monde pour inspirer le respect.

Tant de beautés n'arrivent malheureusement pas à faire oublier tous les défis de conservation auxquels font face les îles Malouines : la surpêche et la pêche illégale sont responsables du déclin spectaculaire des populations de manchots et d'albatros depuis que l'homme a découvert les richesses longtemps insoupçonnées de l'océan Austral. L'homme est en compétition avec l'oiseau pour la ressource, et le partage n'est pas équitable. L'homme a gagné contre l'oiseau. Belle victoire pour l'humanité…

Ici, sur les îles, l'extraordinaire faune a peu de prédateurs. Elle ne redoute donc pas les humains. Et pourtant, si elle savait…

L'île de Géorgie du Sud

Le paradis sur terre existe, et nous l'avons trouvé! Enfin, voilà un endroit qui ne ressemble à rien d'autre sur la planète. L'île de Géorgie du Sud abrite une des faunes les plus spectaculaires du globe. Le spectacle est à couper le souffle. Des millions de manchots, d'albatros, de phoques à fourrure, d'éléphants de mer et autres animaux qui ne manifestent aucune crainte, qui ne se méfient pas de l'homme. Et pourtant...

Notre premier arrêt sur l'île de Géorgie du Sud permet la visite attendue de l'ancienne station baleinière de Grytviken. Sur la plage, nous retrouverons les vestiges d'une époque sanglante où l'on chassait les baleines, les phoques et tout ce qui pouvait produire l'huile, énergie précieuse de l'époque.

Grytviken fut la première station baleinière établie sur l'île de Géorgie du Sud. Ce sont les Norvégiens qui, les premiers, ont découvert tout le potentiel de ce secteur de l'océan Austral. Le 24 décembre 1904, une première baleine harponnée fait son entrée dans la baie de Grytviken. Plusieurs autres stations baleinières sont rapidement construites sur les côtes de l'île, et le carnage à grande échelle débute. En 1925, les premiers bateaux-usines sont construits. Ils peuvent tuer et dépecer une baleine bleue de plus de 30 mètres en moins d'une heure. En 1930, la seule compagnie Lancing se présente sur les côtes de Géorgie du Sud avec 41 bateaux-usines et 232 bateaux harponneurs.

Les populations de baleines diminuent comme peau de chagrin devant la pression de la chasse qui ne cesse d'augmenter. Les baleiniers doivent naviguer de plus en plus loin au large devant la rareté des stocks. Mais c'est peine perdue. En 1962, Grytviken demeure la seule station encore en exploitation. Les Japonais tentent désespérément de relancer l'industrie, mais il n'y a plus assez de baleines. La station baleinière de Grytviken est définitivement fermée le 15 décembre 1965. Les compagnies qui ont engrangé des profits énormes laissent derrière elles les bâtiments en ruine et les derniers navires à demi coulés. Les registres officiels font état de 175 250 baleines tuées, dans le seul secteur de l'île de Géorgie du Sud.

L'île de Géorgie du Sud a longtemps été la capitale mondiale de la chasse à la baleine. Après avoir décimé tous les stocks de baleines des océans du monde, il ne restait plus que ce secteur isolé en mer Australe pour continuer le carnage. Les hommes n'ont jamais tiré les leçons du passé et ils ont recommencé leur même manège ici, avec les mêmes résultats. Il ne reste plus aujourd'hui comme vestiges de ces temps de carnages qu'une poignée de baleines bleues, baleines franches et autres géants des mers.

L'île de Géorgie du Sud demeurera longtemps gravée dans ma mémoire, symbole absolu de ce que devait être la vie avant nous. L'île s'offre aujourd'hui en puissant témoignage pour une réconciliation entre les différentes formes de vie de la planète. Jamais je n'oublierai notre arrivée, mémorable. Je me souviens encore de l'odeur, du silence, mais surtout du bouleversant mélange des scènes...

Station baleinière, Baie de Grytviken, île de Géorgie du Sud.

Nous avons trouvé refuge dans la baie de Grytviken, juste devant l'ancienne station baleinière établie en 1904. Comment décrire le mélange des scènes ? D'un côté, les vestiges d'un lourd passé sanglant, où les hommes ont tué à en perdre raison. Les victimes étaient innocentes. Elles étaient baleines, otaries à fourrure ou éléphants de mer.

Sur la plage, des bateaux harponneurs en ruine, des fours géants à fondre la graisse de baleine.

Vous fermez les yeux un instant et vous entendez le bruit des manœuvres. Avec un peu d'imagination, vous sentez la terrible odeur de graisse que l'on chauffe pour la liquéfier. Sur le sol, des vertèbres, des mâchoires et même des restes de fanons en lambeaux.

De l'autre côté de la plage, des éléphants de mer vous fixent un instant. Derrière eux, quelques dizaines d'otaries à fourrure. Et au-dessus de vos têtes, le vol gracieux des albatros. Ici, le passé rattrape le présent et la vie côtoie la mort, étrange mélange de sentiments pour celui qui ne sait où porter le regard.

À droite, ça sent la mort. À droite, on ressent la honte d'appartenir à ceux qui ont tout détruit. Mais à gauche, c'est la vie nouvelle. À gauche, c'est l'espoir de revoir la vie renaître, malgré les abus du passé.

En Géorgie du Sud, le passé rattrape le présent et la vie côtoie la mort, étrange mélange de sentiments.

Sur les plages de l'île, je veux bien vous montrer la gauche, pour que vos yeux puissent apprécier toute la beauté du monde. Mais n'oublions jamais qu'à droite, ça sent aussi la mort...

Jeunes éléphants de mer Australe (*Mirounga leonina*).

Retour au nid pour ses manchots royaux (*Aptenodytes patagonicus)*. Il faut maintenant nourrir les jeunes.

Curiosité réciproque, manchot royal (*Aptenodytes patagonicus*).

Albatros à sourcils noirs (*Diomedea melanophris*).

Albatros fuligineux (*Phoebetria palpebrata)*

67

Jeune manchot royal (*Aptenodytes patagonicus)* réclamant son déjeuner.

Le jardin d'Eden

Aujourd'hui, la nature nous a montré ce qu'elle fait de plus beau. Ligne épurée, silhouette parfaite et coloris d'une finesse inégalée, son nom est royal et son chant résonne en écho au pied des glaciers millénaires. Sa démarche lui donne des allures de Charlot maladroit, mais ce mouvement de balancier lui permet en réalité de recycler l'énergie qui découle de l'effort précédent. C'est l'un des plus beaux oiseaux marins de l'hémisphère Sud. C'est le manchot royal !

Adulte, il arbore une robe de gala. Jeune, il porte une épaisse toison brune qui lui donne plutôt des allures de grosse quille. Quand il commence à perdre son pelage d'adolescent, il le remplace graduellement par des plumes caractéristiques qui lui donneront sa robe définitive. Mais avant d'obtenir ce plumage, il arborera de drôles d'allures, curieux mélange de beauté et d'excentricité.

Partout, sur les plages, nous assistons au spectacle grandiose d'une nature aux mille beautés. À chaque nouvelle baie, le décor se transforme avec, comme toile de fond, des glaciers majestueux qui laissent couler à la mer une eau verte et pure. Une faune variée s'entasse et s'offre au regard. Les manchots royaux sont bien évidemment rois, mais il y a aussi les surprenants albatros hurleurs, les plus grands oiseaux volants de la planète. Spectaculaires ! Et que dire du vol gracieux et synchronisé des couples d'albatros fuligineux, de la robe délicate de l'albatros à tête grise, de la mine décoiffée du gorfou doré ou du vol menaçant du pétrel géant. Les mammifères ne sont pas en reste, avec des millions d'otaries à fourrure qui s'amusent à vous charger sur des plages devenues trop petites, et les innombrables éléphants de mer, toujours prêts à défendre leur harem de femelles.

L'île de Géorgie du Sud regorge de vie. Nous avons quitté à regret les falaises, les baies et les plages qui s'offrent en vibrants témoignages pour la vie. Il est temps d'affronter, à contre-courant, les vagues inhospitalières des cinquantièmes hurlants. La meilleure protection dont bénéficie l'île de Géorgie du Sud réside peut-être dans ces conditions de navigation difficiles, rudes et dangereuses. Il y a toujours un prix pour accéder au bonheur.

À LA MÉMOIRE D'UN GRAND – SIR ERNEST SHACKLETON

Nos deux derniers jours à la petite station baleinière de Grytviken resteront gravés dans notre mémoire, comme un moment historique, inoubliable, un événement incontournable pour tous ceux et celles qui sont passionnés par l'exploration polaire. Ici gît la dépouille d'un des plus grands navigateurs : Sir Ernest Shackleton, mort le 5 janvier 1922, victime d'une crise cardiaque. L'exploit mémorable de cet explorateur représente, encore aujourd'hui, une réelle source d'inspiration pour les explorateurs modernes.

Après la conquête du pôle Sud par le Norvégien Roald Amundsen, Shackleton veut organiser la première traversée transantarctique. Il voulait être le premier à parcourir le continent en traîneaux à chiens, une aventure de plus de 3500 kilomètres. Son navire, l'*Endurance*, un trois-mâts en bois, appareille d'Angleterre en 1914. Mais, en janvier 1915, le voilier est fait prisonnier des glaces dans la mer de Weddell. Commence alors la longue attente. Shackleton et ses marins espèrent la fissure, l'ouverture qui permettrait à l'équipage d'éviter le terrible hiver antarctique. Mais en vain… L'*Endurance* demeure emprisonné au milieu de la banquise en mouvement. La dérive dure pendant dix longs mois, jusqu'en octobre 1915. Au printemps, la glace commence enfin à bouger, à se morceler, mais elle exerce sur le navire de bois une terrible pression. Sans solution devant la force de la nature, les hommes doivent se résigner. Shackleton ordonne l'abandon du navire et l'équipage assiste, impuissant, à la destruction de l'*Endurance,* broyé par la force intraitable des glaces.

Pendant cinq autres longs mois, l'équipage dérive dans un camp de fortune improvisé sur la banquise en mouvement. Les hommes se nourrissent de phoques et de manchots. Quand la glace devient trop instable, l'équipage n'a plus le choix : il doit tenter de fuir au large, empilé dans trois petites embarcations de sauvetage, et tenter de ramer jusqu'à l'île la plus proche. Mais les risques sont énormes, compte tenu de la distance à parcourir. Les hommes sont épuisés, affamés, déshydratés et plusieurs souffrent d'engelures. Miraculeusement, ils rejoignent enfin Elephant Island et réussissent à toucher terre, enserrés entre deux énormes langues glaciaires. Un nouveau camp de base est établi, exploitant tout l'espace possible, mais les hommes devront se contenter de peu : le camp ne dépasse pas les 20 mètres de largeur sur 35 mètres de longueur.

Shackleton savait que leurs chances de survie étaient bien minces dans pareil endroit. Avec cinq autres membres d'équipage, dont le navigateur Frank Worsley, il convertit une des embarcations de sauvetage en petit voilier et met le cap vers l'île de Géorgie du Sud. Le défi de navigation semble irréalisable.

Il faut affronter, dans une simple embarcation de fortune, une mer réputée comme la plus dangereuse du monde. Avec un simple sextant et un chronomètre, ils quittent Elephant Island, et font route vers le nord-est. Ils doivent franchir près de 1500 kilomètres, un défi impossible pour l'époque. Ils évitent la catastrophe à plusieurs reprises et, le matin du 8 mai 1916, Shackleton voit surgir la forme de l'île de Géorgie du Sud au-dessus de l'horizon. Mais une tempête se forme et les hommes frôlent la mort de près. Ils atteignent finalement la côte, mais les vents et la mer déchaînés les entraînent du mauvais côté de l'île. Ils touchent finalement terre, et leur seul espoir de sauvetage réside désormais dans la présence de baleiniers, mais de l'autre côté de l'île.

L'embarcation est trop endommagée pour reprendre la mer. Shackleton décide d'organiser la traversée de l'île à pied. Avec deux coéquipiers, il doit affronter les glaciers et gravir l'imposante chaîne de montagnes qui culmine à plus de 1500 mètres d'altitude. Leurs seuls équipements d'alpiniste se résument à leurs

Novembre 1914 – Frank Hurley, célèbre photographe de l'expédition de Shackleton, immortalise l'*Endurance* dans la baie de Grytviken. Plus de 90 ans plus tard, nous faisons de même avec le *Sedna IV*.

vieilles bottes usées, nouvellement équipées avec des clous arrachés à l'embarcation de secours. Dans un ultime effort, Shackleton et ses hommes rejoignent finalement la station baleinière de Stromness, après 36 heures de marche et d'escalade. Débute alors la grande opération de sauvetage pour récupérer l'équipage demeuré sur Elephant Island.

Il aura fallu quatre tentatives avant que le sauvetage réussisse. Shackleton retrouva finalement tout son équipage sain et sauf sur Elephant Island. La témérité et le courage de l'explorateur auront eu raison de tous les écueils. Son exploit est considéré comme l'un des plus grands actes d'héroïsme et de courage de l'histoire de la navigation.

Au petit cimetière de Grytviken repose en paix celui que plusieurs considèrent encore aujourd'hui comme un héros. Je suis de ce nombre.

Shackleton, conquérant infatigable, est revenu à l'île de Géorgie du Sud six ans après l'échec de sa précédente expédition avec un nouveau navire. Il est mort tragiquement dans la petite baie où *Sedna* est aujourd'hui ancré. Respectant ses dernières volontés, son épouse décida de le faire inhumer ici. Elle aurait dit à ceux qui voulaient bien l'entendre que « l'Antarctique avait toujours été son premier amour… ».

Au petit cimetière de Grytviken, j'ai salué une légende. Le sentiment est étrange, presque irréel, indescriptible. Notre voyage nous fait parcourir non seulement des lieux, mais aussi le temps…

Aujourd'hui, nous avons escaladé une des montagnes qui surplombent la baie. Le 14 novembre 1914, alors que l'*Endurance* fait escale à Grytviken, en route vers le contient antarctique, le photographe de l'expédition de Shackleton, Frank Hurley, escalade la même montagne et prend une photo devenue célèbre de l'*Endurance,* le légendaire trois-mâts. Aujourd'hui, plus de 90 ans plus tard, *Sedna* a mouillé l'ancre au même endroit, dans la même baie. Nous avons voulu reconstituer ce moment et immortaliser l'instant, à la mémoire d'un grand, Sir Ernest Shackleton.

Manchot papou (*Pygoscelis papua*) et éléphant de mer Australe (*Mirounga leonina*).

Ces gorfous dorés (*Eudyptes chrysolophus*) possèdent une puce informatique qui permet
aux chercheurs de suivre leurs déplacements en mer.

74

Cet albatros hurleur (*Diomedea exulans*) possède aussi un émetteur qui permet de le suivre dans ses déplacements. Cet albatros revient d'un voyage de plus de 10 000 kilomètres pour aller chercher sa nourriture.

75

Quand les dauphins marsouinent contre les flancs de notre déesse des mers, nous sentons alors
le baume de la vie s'étendre sur les plaies de notre solitude.

76

Le paradoxe du marin

Décembre est à nos portes, et cette date marque le début du compte à rebours pour une grande partie de l'équipage. Dans une année, nous terminerons sans doute cette mission.

Personne ne peut prédire exactement quand, mais nous savons que le prochain été austral, qui libérera notre voilier de son cachot de glace, devrait sonner le glas de notre aventure. Mais, d'ici là, encore une année d'errance, de voyages et de solitudes. Douze longs mois.

Cela peut paraître long, mais le départ, en septembre dernier, me semble encore hier. Certes, les familles et les amis demeurés derrière nous nous manquent.

Certains soirs, quand le vent hurle dans les haubans et que le froid transperce nos habits humides, nous pensons au confort de nos foyers, à ces soirées que l'on imagine dans la chaleur et le réconfort de bras connus et aimants. Mais, au petit matin, quand le jour se lève et que le décor nouveau et majestueux se dévoile, ou quand les albatros survolent la poupe du voilier, que manchots et dauphins marsouinent contre les flancs de notre déesse des mers, nous sentons alors le baume de la vie s'étendre sur les plaies de notre solitude. Dès lors, nous savons que nous sommes des témoins privilégiés de la force et de la fragilité de la nature.

À bien y penser, il ne reste en fait que douze petits mois. Dans six mois, toujours prisonniers de l'hiver antarctique et de ses nuits de vingt heures, nous anticiperons probablement le retour avec une certaine hâte. Puis, dans douze mois, quand nous lèverons l'ancre pour rejoindre nos vies, nous pleurerons sans doute, tristes de penser que tout cela sera alors terminé.

Le paradoxe de la vie du marin est ainsi fait : de contradictions et de vents contraires, qui dirigent la barque souvent hésitante de ceux et celles qui se laissent bercer par la mer.

Le *Sedna* franchit le cap Horn à la voile, selon la tradition.

Le cap Horn – l'albatros et l'âme des marins

Le cap Horn, redoutable et légendaire. Il suffit de regarder la liste des échouages au large du célèbre cap pour sentir l'histoire, pour ressentir aussi une certaine crainte que je n'ai pas honte d'avouer. Perdre la méfiance de la mer, c'est manquer de respect aux éléments. À ne pas tenter, jamais.

Cap Horn et passage Drake – le bras de mer qui relie l'Amérique du Sud et la péninsule antarctique –, je vous respecte et je n'oserai donc pas la confrontation futile et inutile. *Sedna* ne fait pas le poids malgré 650 tonnes de muscles. Il faut savoir attendre le bon moment, profiter d'une fenêtre météo favorable pour s'engager sur vos flots. Inutile de provoquer l'affrontement, nous sommes plutôt pacifiques, même si nous arrivons de l'Atlantique.

Certains jours demeurent gravés dans nos mémoires pour l'éternité. Aujourd'hui, sous les bonnes grâces de Neptune et d'Éole, le *Sedna IV* a doublé le cap Horn, le redoutable, véritable hantise de tous les marins. Le cap Horn représente le point le plus méridional de l'Amérique du Sud. C'est l'endroit où l'Atlantique rencontre le Pacifique, créant des courants redoutables qui ont entraîné par le fond bien des navires et leurs valeureux marins. On dit que leur âme s'est réincarnée en grands albatros qui poursuivent leur long périple en mer, accompagnant les bateaux sur les flots souvent hostiles de la mer Australe.

Ici, les vents sont toujours violents, les tempêtes terribles, et les fréquentes dépressions barométriques transforment sans prévenir l'océan en véritable cauchemar, même pour les marins les plus expérimentés de la planète.

Nous avons respecté la tradition. Le cap Horn se franchit à la voile, une condition essentielle pour tout marin qui veut devenir cap-hornier.

Nous venons de franchir une étape historique pour le *Sedna*, ce voilier océanographique qui compte déjà une circumnavigation complète de l'Amérique du Nord. En 2002, *Sedna* devenait le 7e voilier de l'histoire à franchir, sans aide extérieure et en une seule saison, le légendaire passage du Nord-Ouest dans l'Arctique, mythique voie maritime entre l'Atlantique et le Pacifique. Aujourd'hui, à l'extrême sud de la planète, notre déesse inuite vient de réaliser le passage du cap Horn. Hommes et femmes qui avez guidé ce navire dans ces grandes étapes, nous saluons votre courage, votre passion et votre détermination. Et vous, autres marins des grands voiliers, ceux d'hier qui n'ont pas eu notre chance, nous pensons à vous à chaque survol d'albatros. Vos âmes de marin sont aujourd'hui transformées et elles continuent de côtoyer les vagues. Sur les ailes des plus grands et des plus gracieux, votre grand voyage se poursuit par l'albatros, loin au large, dans l'éternité, mu de l'ultime fracture des vents antarctiques, rugissants, hurlants ou grondants, comme jadis et pour toujours…

Albatros à sourcils noirs (*Diomedea melanophris*).

Je suis l'albatros qui t'attend à la fin du monde. Je suis l'âme oubliée des marins décédés, ceux qui croisaient le cap Horn depuis toutes les mers du monde. Mais ils ne sont pas morts sous les vagues furieuses, car aujourd'hui ils volent sur mes ailes, pour l'éternité, dans l'ultime fracture des vents antarctiques.

Sara Vial, décembre 1992

L'ARRIVÉE EN ANTARCTIQUE

Nous naviguons maintenant entre les icebergs, ces îles flottantes spectaculaires qui se détachent avec grâce contre l'horizon. Aujourd'hui, nous avons atteint l'Antarctique! Je retrouve avec plaisir ce sentiment de bout du monde, de début des temps. Difficile d'exprimer en mots, d'expliquer l'effet de ces paysages de glace sur l'humain de passage. Ici, personne ne peut prétendre être chez soi. Ici, l'humain ne peut avoir la prétention de se sentir chez lui, heureusement. L'harmonie des formes, la puissance des éléments et l'austérité dominante de cet environnement de glace ont de quoi stigmatiser

les repères, comme quoi rien n'est jamais complètement acquis.

Pour atteindre cet état de grâce et d'harmonie, il faut être prêt à se sacrifier. Pour les membres de notre expédition, le prix à payer se calcule en mois d'isolement, loin des nôtres, marins déjetés par rapport à toute cette normalité abandonnée sur le dernier quai. Mais qu'est-ce que la normalité après tout!

Richard Byrd, le premier pilote d'avion à survoler le continent antarctique, écrivait, en 1938, ses premières impressions :

« J'ai regardé le ciel pendant un long moment pour en conclure que cette beauté n'était réservée qu'aux endroits éloignés et dangereux, et que la nature avait de bonnes raisons d'exiger des sacrifices spéciaux de la part de tous ceux et celles qui étaient décidés à les voir. »

Sedna navigue dans les vierges artères du dernier continent de la planète en empruntant un réseau de bras de mer et de détroits qui s'ouvrent devant nous comme des veines bleutées par la mer. Après des mois de navigation, de rêves et d'espoirs, nous pénétrons enfin au cœur de l'Antarctique. Les paysages majestueux se succèdent sans fin, comme une succession de toiles infinies qui ne cessent de nous éblouir. Les montagnes, augustes et solennelles, s'élèvent vers le ciel, comme autant de sculptures naturelles qui unifient la terre et le ciel. Les couleurs du jour ou de la nuit, souvent discrète en cet été austral, s'offrent dans une infinie variété d'une rare pureté. Vous ai-je dit que les couleurs de l'Antarctique n'avaient rien de comparable avec celles du Nord? L'air pur de ce pôle du Sud donne à l'horizon une clarté incomparable.

Ici, le temps semble suspendu. Le regard se perd dans l'immensité des glaces d'une blancheur immaculée. Ici, vous ressentez la force silencieuse et la puissance de la nature à l'état brut. Ici, vous n'êtes rien. Ici, vous ne contrôlez rien.

Au fil des jours, nous poursuivons notre descente vers l'inconnu. Les glaciers se donnent en spectacle, tout en silence, puissant témoignage de la simple beauté du monde. Les hautes montagnes de glace affichent les archives du temps dans une beauté à couper le souffle. Sur notre route, des dizaines d'icebergs aux formes variées, sculptures naturelles éphémères qui s'offrent aux yeux des privilégiés de passage. Plus grand musée naturel, la planète n'a jamais été aussi belle, inspirante, accueillante.

Aujourd'hui, nous avons intégré *Sedna* dans la grande fresque antarctique. Le bleu de nos voiles se marie parfaitement avec celui du ciel, et les yeux des marins ne cessent de transmettre aux cerveaux des images qu'il ne faudra jamais oublier. Jamais.

Nous avons fait escale pour la nuit à Paradise Bay. Le glacier devant nous ne se distingue pas, car, exceptionnellement, la couverture nuageuse a transformé la lumière de la nuit.

Malgré l'été austral et son soleil de minuit, noire est la nuit.

Pourtant, le glacier ne s'est pas endormi. On le sent vivre, respirer, s'étirer dans la nuit. Pas un souffle n'ose venir briser cette plénitude sans fin, comme si l'harmonie des éléments retrouvés ici venait à peine de créer le monde.

Tout est parfait, immobile et sans fin. La vie n'a pas pu débuter ailleurs.

Quand la vie s'exprime ainsi, parfaite, je sens la symbiose entre elle et nous.

Cette nuit, je vous écris pour vous montrer en mots ce que je n'arrive pas à formuler. Voyez-vous toute cette beauté ? Entendez-vous ce silence ? Il y a bien sûr les cris des manchots, les souffles des baleines et la respiration des phoques ; le craquement sourd et caverneux du glacier qui n'en finit plus de vêler devant nous les icebergs à la dérive. Mais ici, tout cela n'est qu'une forme d'expression du silence. L'entendez-vous ?

Au petit matin, la brume est venue envelopper le sommet des montagnes, comme un tulle naturel, un voile qui cache et interdit le regard indiscret. Puis la brise légère a soufflé lentement les réserves pour révéler peu à peu la grande fresque. Comment tant de beautés naturelles peuvent-elles s'harmoniser avec autant de perfection ?

Nous avons finalement hissé les voiles et sommes partis, presque le cœur gros, laissant derrière nous un monde d'harmonie. Partir, quitter Paradise Bay pour mieux revenir, un jour, sans doute. Des défis à relever, un climat à observer. Après tout, le paradis se mérite.

J'en suis à ma quatrième visite ici et, déjà, je constate les effets des changements clima-tiques sur les berges nouvellement dévoilées, sur les glaciers qui reculent avec une vitesse incroyable. Je sais déjà qu'à ma prochaine visite, il y aura encore plus de terre dévoilée, moins de glace accrochée aux montagnes, mais sans doute toujours ce même étrange senti-ment de début des temps que je cherche et recherche depuis que je fréquente les pôles.

Il faut partir, encore et toujours, laisser der-rière nous ce que l'on aime pour explorer davantage, pour oser l'aventure vers l'inconnu. Pour chercher ce que l'on cherche, là-bas, loin… ou tout près, en dedans.

Il existe des scènes, des lieux et des moments qui requièrent le silence. Celui de l'Antarctique est presque céleste, angélique, divin… Quand

Partir, quitter Paradise Bay pour mieux revenir, un jour, sans doute.

avez-vous entendu le silence pour la dernière fois ? Quand ce silence, le vrai, trouve son chemin en vous, vous refusez même de penser, de peur de vous entendre réfléchir. Sans mot dire, vous écoutez le néant.

L'Antarctique n'a pas son pareil. Ses glaciers sont parmi les plus impressionnants de la planète, sa mer est l'une des plus riches du monde et l'harmonie de ses paysages est tout simplement parfaite. Je garde une étrange impression de début du monde chaque fois que j'y mets les pieds. Je me souviens surtout du silence, celui que vous n'entendez plus, celui que la civilisation nous a dérobé. Il n'existe que peu d'endroits sur la planète où le silence a été préservé. Je ne parle pas de cette simple absence de son. Je tente de décrire le silence, comme un état des lieux, presque comme un sentiment. À la limite, je dirais qu'il s'agit d'un état d'âme. Le silence ne s'écoute qu'en conditions d'isolement. Et encore.

Dans l'Arctique, au petit village de Salluit, j'ai questionné un aîné inuit et lui ai demandé ce qu'il avait perdu de plus précieux de son époque de nomade. Sa réponse est restée gravée, non seulement dans ma mémoire, mais dans le fond de mon âme, comme la révélation d'un sage : il avait perdu le silence… Comment un vieil homme qui vit à Salluit, petit village inuit perdu au nord du Nord, peut-il affirmer que le silence lui manque ? Plus tard, beaucoup plus tard, après cinq mois d'isolement dans l'Arctique, en harmonie avec la nature du Nord, j'ai brièvement touché à quelque chose d'inexplicable. À ce moment, seulement, je pense avoir compris.

Depuis ce jour, je cherche et recherche cette sensation. Cette journée-là, je pense avoir entendu le silence… En vérité, j'ignore si c'est ce que le vieil Inuit a voulu me dire. Mais, depuis ce jour, je cherche aussi le silence. Celui que l'on trouve dans une nature généreuse, quand l'on atteint un certain état d'esprit qui ne s'improvise pas, car il faut du temps, beaucoup de temps.

Il ne me l'a pas dit, du moins pas en ces mots, mais je sais qu'il voulait me parler d'harmonie. Harmonie avec les éléments naturels, avec soi-même, et surtout avec ce que nous sommes : de simples éléments de cette nature qui nous inspire, en silence…

Pas un souffle n'ose venir briser cette plénitude sans fin, comme si l'harmonie des éléments retrouvés ici venait à peine de créer le monde.

À LA LIMITE DES GLACES ÉTERNELLES

Sur les traces des grands explorateurs d'hier, nous avons profité de la fonte partielle de la banquise, au cœur de l'été austral, pour pousser notre mission d'exploration jusqu'à la limite des glaces éternelles. Nous naviguons dans le sillage des Grands, surpris de pouvoir nous faufiler avec une certaine facilité entre la glace dérivante et les icebergs. Les temps changent…

Le premier équipage scientifique à hiverner en Antarctique fut celui de la *Belgica*, en 1899.

Les 19 marins n'avaient pas choisi d'hiverner, prisonniers imposés d'une banquise intraitable. Si l'exploit de ces marins nous guide vers une conquête personnelle, pourtant détachée de toute performance ou de tout record à battre, nous retenons de leur aventure une formidable leçon d'humilité devant les éléments. Pas question de répéter l'histoire, de nous faire prendre par une banquise plus puissante que nous. Dans son livre de bord, le commandant du navire, Adrien De Gerlache, raconte :

« *Bientôt, notre teint devint verdâtre, nos organes sécréteurs fonctionnaient à peine et d'inquiétants symptômes d'affections cardiaque et cérébrale commencèrent à se manifester. L'un des marins fut atteint d'excès d'hystérie à en perdre l'ouïe et la parole pour quelques jours et un autre succomba aux effets de la paranoïa, convaincu que l'équipage en voulait à sa vie. Pas un officier n'échappa non plus à la maladie. Notre vie se poursuit, monotone et presque machinale.* »

Ces premiers scientifiques ont tracé la voie vers une certaine compréhension de l'Antarctique. Mais il reste tant à faire, tant à étudier pour comprendre le rôle vital de ce continent dont la superficie représente celle des États-Unis et du Mexique réunis. Nous avons questionné les chercheurs des différentes bases de recherche, participé à leurs recherches, apporté notre humble contribution à coups d'échantillonnages systématiques, de relevés océanographiques et d'observations méthodiques. Mais il reste tant à découvrir.

L'Antarctique est un continent contrôlé par un traité international qui lui confère un statut particulier. Soumis à des lois strictes de protection de son environnement, l'Antarctique est un continent voué à la paix et à la science. Les scientifiques de tous les pays doivent partager le fruit de leurs recherches et

collaborer à sa protection. L'exploitation des ressources y est interdite, et tous les efforts sont déployés pour conserver la virginité des lieux.

L'Antarctique représente beaucoup plus que le dernier continent, isolé, perdu au fin fond de la planète. Les scientifiques reconnaissent aujourd'hui le rôle vital de ce continent de glace au sein de la grande machine climatique planétaire. L'influence du continent de glace sur les grands systèmes de courants océaniques et de vents atmosphériques contribue directement à la régulation du climat planétaire. Que l'on soit des Amériques, de l'Europe, de l'Asie ou de l'Afrique, nous dépendons tous de l'Antarctique pour notre survie.

Mais au cours des dernières décennies, cette région du globe s'est réchauffée cinq fois plus rapidement que le reste de la planète. La péninsule antarctique est maintenant sous haute surveillance. Nulle part ailleurs n'a-t-on connu pareil bouleversement climatique.

C'est surtout en hiver que les effets des changements climatiques se manifestent. Dans certains secteurs de la péninsule, la hausse des températures a atteint jusqu'à 6 °C en hiver au cours des cinquante dernières années. Les conséquences de ce dérèglement climatique risquent de modifier l'équilibre millénaire de la région.

Les scientifiques de la station américaine Palmer étudient les effets de ce réchauffement sur les populations de manchots d'Adélie, les premiers à réintégrer le territoire au printemps. Ces spécialistes de la glace ont vu leurs populations diminuer de façon dramatique au cours des dernières décennies.

L'élévation rapide du mercure entraîne inévitablement une réduction importante du couvert de glace autour de la péninsule. Cette diminution de la banquise provoque une plus grande évaporation de l'eau de mer qui n'est plus recouverte de son grand manteau isolant. La vapeur d'eau s'élève et forme des nuages qui se déchargeront inévitablement sur les îles et le continent. Cette augmentation des précipitations cause de sérieux problèmes aux manchots d'Adélie qui, les premiers, arrivent sur les îles et les côtes pour nicher.

Les manchots d'Adélie sont fidèles à leur site de nidification, retournant toujours au même endroit pour pondre leurs œufs. Souvent, au printemps, la neige recouvre complètement le sol. Les manchots d'Adélie, programmés suivant des règles naturelles d'une stabilité millénaire, doivent retarder la ponte. L'attente, trop souvent, sera vaine et les succès de reproduction presque nuls. D'autres tentent désespérément de nicher dans la neige. Les embryons, qui doivent être conservés à une certaine chaleur pour se développer, ne

peuvent supporter le froid et meurent gelés. Les plus chanceux retrouveront leurs nids libres de neige. Mais la fonte printanière de la neige environnante provoquera un écoulement important au sein de la colonie. L'eau s'accumule dans les nids – de simples petits amoncellements de pierres disposées sur le sol – et inonde l'œuf. L'embryon, privé d'oxygène, meurt alors noyé.

Le Dr Bill Fraser étudie ces manchots depuis plus de 20 ans. On ne parle pas d'une année d'exception ou d'une tendance à court terme. Ses travaux démontrent avec éloquence une réelle catastrophe en cours. Il y a de cela vingt ans, on dénombrait plus de 17 000 manchots d'Adélie en face de la base américaine Palmer. Aujourd'hui, on en compte à peine 6500...

Selon le Dr Fraser, les manchots d'Adélie ne sont que des indicateurs d'une situation environnementale qui touche l'ensemble de la péninsule antarctique. À preuve, il faut voir comment les populations d'espèces moins bien adaptées à la glace, celles que l'on retrouve surtout sur les îles subantarctiques, augmentent de façon exponentielle depuis deux décennies. Il y a 20 ans, on s'étonnait de voir soudainement apparaître des otaries à fourrure à proximité de la base américaine. Cette année-là, les biologistes en comptèrent six! Aujourd'hui, elles sont plusieurs milliers... Même chose pour les éléphants de mer autour de la péninsule, qui ont vu leur population s'accroître de plus de 300 % au cours des dernières années… Les manchots papous et les manchots à jugulaires, deux espèces typiques des îles plus au nord, vivent aussi une importante croissance démographique dans le secteur.

Toutes ces nouvelles espèces qui migrent soudainement plus au sud trouvent ici des conditions climatiques nouvelles qui leur conviennent. Sous l'effet des changements climatiques, la barrière de glace s'effrite et la frontière de l'Antarctique migre de plus en

Le manchot Adélie (*Pygoscelis adeliae*).

plus vers le sud. Toutes ces nouvelles espèces profitent de ces conditions nouvelles pour envahir le secteur et devenir des concurrents redoutables pour les espèces indigènes, celles qui, historiquement, ont toujours été mieux adaptées à la glace.

Le manchot d'Adélie est exceptionnellement bien adapté à la glace, l'environnement qu'il fréquente depuis des millénaires. La rapidité des changements en cours ne laisse aucune chance à la nature de faire son travail d'adaptation. Devant pareille situation, les animaux spécialistes deviennent souvent des victimes inévitables, résultat de changements environnementaux trop soudains.

Ce que nous observons ici en Antarctique n'est qu'un triste rappel de ce que nous avons déjà observé en Arctique, lors d'une mission précédente. Les changements climatiques modifient les frontières et les habitudes migratrices et provoquent inévitablement une perte de biodiversité. On parle beaucoup de l'ours polaire au Nord, véritable emblème de la nordicité. Il faut maintenant ajouter à la liste des victimes du réchauffement planétaire le manchot d'Adélie, le nouveau symbole des problèmes climatiques du Grand Sud.

Les pôles sont des avant-postes, des indicateurs de notre climat. Mais saurons-nous entendre l'appel des scientifiques qui continuent, année après année, d'accumuler des preuves irréfutables ? Comme le canari dans les mines de charbon, le manchot d'Adélie crie haut et fort pour annoncer une catastrophe à venir. Il unit sa voix à celle de l'ours polaire, du krill, du guillemot, de la morue arctique ou antarctique, ainsi qu'aux nombreux scientifiques de partout dans le monde qui, trop souvent, prêchent seuls dans un désert de glace et d'indifférence…

D'autres scientifiques, comme les Britanniques de la base de Rothera, étudient les effets de ce réchauffement sur les espèces marines. Leurs conclusions ont de quoi inquiéter : la mer dans le secteur de la péninsule antarctique s'est réchauffée de 1 °C au cours des dernières décennies, une hausse fulgurante pour une telle masse d'eau. Si cette tendance au réchauffement se poursuit, les conséquences sur les animaux marins pourraient bien être lourdes de conséquences. Déjà, en condition *in vitro*, les scientifiques ont observé une importante modification de certaines fonctions vitales chez plusieurs espèces, lorsqu'elles sont soumises à des augmentations de température de 2 °C. Rien ne va plus.

Nous sommes venus ici pour prendre le pouls d'une nature fragile, pour vivre au rythme des saisons et du temps. Nous, explorateurs, scientifiques, et cinéastes, mais surtout citoyens du monde, venus témoigner de la simple beauté du monde et de sa grande fragilité.

Dans le sillage des grands explorateurs d'hier, nous avons accepté de reprendre le long chemin intérieur jalonné par tant de sacrifices. Quand l'hiver frappera à nos portes, et que la majorité des scientifiques qui étudient ce territoire partiront vers le nord, nous demeurerons, témoins volontaires de notre monde en plein bouleversement. Comme pour beaucoup de ceux qui m'ont précédé, l'Antarctique exerce sur moi cet étrange pouvoir d'attraction qui m'incite à y revenir constamment. Depuis des années, j'ai besoin de repousser toujours davantage les limites : limites personnelles, celles qui justifient l'inexplicable quête intérieure, mais aussi limites de l'exploration, qui obligent bien souvent à se mesurer à la mort et à la force des éléments, cette force qui peut à tout instant faucher une vie, mortelle sentence pour celui qui a su convaincre ses coéquipiers d'aller toucher aux éternelles limites du temps.

Sedna vient de franchir une nouvelle limite. Limite géographique et limite de glace. Nous ne devions pas tenter pareille intrusion jusqu'aux

Un impressionnant mur de glace s'effondra avec fracas à proximité du *Sedna*.

limites de navigation du Grand Sud. Pas avec *Sedna*. Pas sans la présence d'un brise-glace en cas de pépin. Mais nous l'avons fait. Nous sommes allés planter notre étrave dans les limites de la glace, éternelle et impénétrable.

La folle décision est venue de nulle part, comme une soudaine attirance irrépressible, une tentation irrésistible, comme une voix qui chuchote dans la nuit, un véritable appel du large. Aller voir l'infranchissable, toucher sa limite, pousser la découverte jusqu'à frapper de plein fouet le mur, la banquise éternelle. Quelle sensation merveilleuse! Devant nous, la glace, que de la glace, à perte de vue. Une glace pure, éternelle. Cette fois, même si je le voulais, nous ne pourrions pas aller plus loin. Le bout du bout, la limite des limites, l'infranchissable, l'insurmontable.

Aujourd'hui, nous avons franchi une étape importante en poussant les limites de notre exploration vers le sud. Il faut toutefois revenir rapidement sur nos pas, sortir de cet enfer de glace dans lequel nous nous sommes volontairement engagés. Aujourd'hui, les vents étaient faibles, des conditions idéales pour notre combat contre la glace. Il faut espérer des conditions similaires pour sortir d'ici. Si les vents tournent et qu'ils referment nos passages d'eau libre patiemment arrachés à la glace, nous serons en difficulté. La frontière entre le possible et l'impossible est souvent bien mince. Mais il faut connaître ses limites. Et derrière cette limite de glace qui s'étend vers l'infini, il n'y a plus rien, même plus d'eau pour faire flotter notre bateau...

Mario Cyr et Jean Lemire à la limite des glaces éternelles.

La frontière entre le possible et l'impossible est souvent bien mince.

93

Un rorqual à bosse (*Megaptera novaeangliae*) fait surface dans la glace nouvellement formée.

97

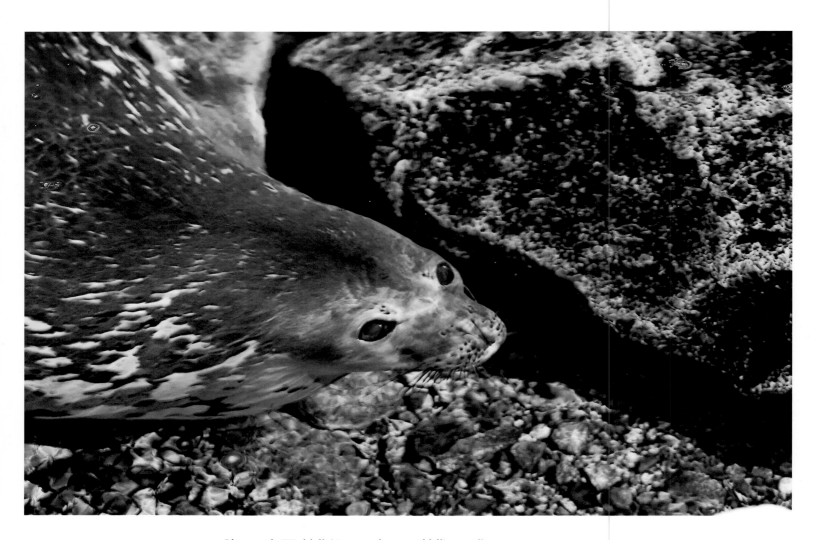

Phoque de Weddell (*Leptonychotes weddelli*) sous l'eau, en transparence.

LA GRANDE DÉCISION

Cette nuit, j'ai le sommeil en tourment, alors je profite de l'absence de vent pour marcher sur le pont. La nuit a retrouvé sa noirceur, et nous faisons maintenant route vers le nord, vers notre site d'hivernage. Pour éviter les écueils de la glace dérivante, nous mouillons l'ancre chaque nuit. Nous avons fait escale à Neko Harbour, une de mes destinations préférées en Antarctique. Cette nuit, tout s'est tu pour laisser au silence la place qui lui revient.

Nous sommes ancrés tout près de la côte, incapables de trouver un fond peu profond à distance raisonnable de la côte. Il en est peut-être mieux ainsi. La proximité de la terre de glace nous fait sentir les choses.

La vie s'active dans la nuit, et deux phoques respirent à proximité. Curieux, les phoques de Weddell viennent découvrir les intrus. Muni d'une torche électrique, je suis leur gracieux ballet sous-marin dans la transparence d'une mer sans tourment. Les êtres de l'au-dessous dansent avec une facilité déconcertante. Dans l'obscurité profonde, la surface fusionne avec les profondeurs, et le faisceau de ma lampe accompagne les chorégraphes qui semblent voler dans la nuit.

Tout en haut, le ciel étincelle et la Voie lactée dispose ses étoiles les plus scintillantes sur le grand miroir d'une mer endormie. L'harmonie entre tout se ressent. Je touche enfin au silence. Alors, simplement et enfin, je sens que l'hiver sera bon. La réconciliation avec la décision de rester ici, de faire partie intégrante de ce long hiver antarctique, me réconforte un peu. Pas au point d'éliminer tout doute, mais juste assez pour retrouver peut-être un peu de ce sommeil perdu. Pas ce soir, pas encore, mais dans quelques jours, peut-être.

Cette nuit, dans ma cabine, j'ai le sommeil en tourment parce que ma tête n'arrive pas à retrouver ce silence lorsque je ferme les yeux. Cette nuit, il n'y a que sur le pont que j'entends le silence que je cherche.

À travers les mots et les maux qui circulent et dérobent les rêves à la nuit, je me perds à tenter de vous expliquer comment tout est là, comment rien n'est perdu, comment tout est encore possible. Il n'y a d'harmonie que dans le cœur de ceux et celles qui veulent entendre ce silence. La sérénité d'une nature que nous ne connaissons plus nous parle dans la nuit, dans un silence qu'il faut apprendre à décoder.

J'ai sans doute voulu poursuivre ce voyage pour toucher à quelque chose, une certaine harmonie que seuls la solitude, le temps et la nuit peuvent comprendre. Ce soir, dans ma cabine, j'ai le sommeil en deuil. Ici, le silence m'empêche de dormir. En silence, l'insomniaque retourne sur le pont...

Ce soir, nous avons reçu confirmation que l'*Irizar*, le fameux bateau de la dernière chance, serait bientôt là. Nous devons rapidement rejoindre notre site d'hivernage pour organiser l'isolement inévitable, pour attendre l'arrivée des nouveaux membres d'équipage qui se joignent à nous pour l'hiver. Il faut aussi préparer le départ de nos partenaires d'aventure, ceux et celles qui ont décidé de rentrer à la maison.

Quand le brise-glace fera cap au nord, nos cœurs se déchireront en deux : tristes de voir partir ceux et celles avec qui nous avons tant partagé, mais aussi heureux de voir enfin l'équipe de relève arriver. Nous ne serons plus que treize pour affronter la longue nuit antarctique qui ne saurait tarder. Quand le sillage du brise-glace de la dernière chance s'effacera sur la surface d'une mer noire comme la nuit, ce sera la fin des options pour ceux et celles qui ont décidé de rester. Seuls, nous formerons une nouvelle équipe, unie et solidaire contre le temps. Sans sauvetage possible pour les neuf prochains mois, il n'y aura plus que nous pour affronter ce temps.

Journée mémorable. Des rivières de larmes ont coulé, mais la pluie torrentielle a quelque peu camouflé l'émotion en surface. Pourtant, toute cette eau qui coulait sur nos visages avait un goût de sel, et la mer n'y était pour rien.

Ce soir, au repas, nos regards cherchaient un peu les visages. Les nouveaux sont bien arrivés. Le bateau de la dernière chance est bien reparti. L'hivernage a bel et bien débuté... Nous sommes tristes et heureux à la fois. Fatigués, mais soulagés.

La prochaine étape s'annonce, et nous devons être prêts à affronter l'hiver, sa longue nuit polaire et son éternelle solitude.

Ce soir, nous avons perdu des amis, mais nous en avons retrouvé d'autres.

Ce soir, nous sommes seuls dans la nuit pluvieuse antarctique.

Ce soir, particulièrement, je pense à vous, ceux et celles que j'ai laissés sur le quai des solitudes..

Ce soir, je nous prédis un autre sommeil en deuil.

Ce soir, je sens déjà la marée profonde montée en nous.

Au départ des anciens, nos cœurs ont cessé de battre pendant un instant. Nous avons regardé partir ceux et celles que l'on aime, et la grande marée intérieure s'est mise à déborder, torrents de larmes qui traduisent la tristesse, certes, mais aussi l'émotion devant une certaine fatalité.

Ce soir, dans la nuit, nous sommes seuls avec nous-mêmes, nous sommes seuls avec et contre le temps... et nous sommes seuls pour très très longtemps...

En attendant l'hiver

La tempête fait rage, et les vents semblent de plus en plus puissants à mesure que la nuit s'installe. Pourquoi faut-il que la tempête frappe toujours en pleine nuit? Serait-ce Morphée qui, soumis aux symptômes de l'hivernage, passe par une période d'insomnie chronique? Ou est-ce Neptune qui, mécontent de l'insuffisance de lumière du jour, châtie les hivernants anxieux en réunissant les conditions pour l'interminable nuit blanche? Qu'importe, les dieux s'amusent à répéter les coups de chien, et nous ne pouvons que subir, de plein fouet, les foudres météorologiques d'une nature qui semble avoir perdu ses repères.

Dans la nuit noire, on ne s'entend plus penser. Il n'y en a que pour ce vent sifflotant, qui vole à l'esprit tout ce qui lui reste de pensées furtives. La nuit doit être vêtue de secrets et d'esprits vagabonds, de pensées clandestines et fureteuses qui meurent, par définition, aux premières lueurs du jour. Voilà à quoi sert la nuit : à rêver!

Mais quand le vent frappe tout, qu'il se heurte aux mâts, qu'il encercle les haubans en sifflant et qu'il incline même votre maison,

quelle liberté reste-t-il à votre esprit? Car il en faut bien pour rêver.

Quand la tempête se lève et que le sommeil demeure à la porte, vous savez que cette nuit sera encombrée par le concret, le réel, le tangible et l'existant. Comme le danger, comme la menace de l'élément naturel qui, soudain, s'affirme dans la nuit. Peut-être faut-il de ces nuits pour pleinement prendre conscience d'où nous sommes. Et peut-être faut-il aussi de ces nuits pour simplement prendre conscience de qui nous sommes.

Bon, alors, va pour les nuits qui, bientôt, déroberont même nos jours. Et puis, même, va pour l'hiver qui, peut-être un jour, recouvrira enfin la baie. Mais épargnez-nous le mal des tempêtes, celles qui, la nuit, nous empêchent de rêver… On dit que les tempêtes servent bien les histoires de marins. Et pourtant. Nous ne cherchons pas l'exploit à raconter, pas plus que l'épreuve à surmonter. Nous ne souhaitons qu'une baisse normale des températures pour que la glace s'installe, normalement, comme le veut la saison. Mais où est donc passé l'hiver?

Le brise-glace de la dernière chance transborde nos 24 tonnes de nourriture pour l'hiver.
Bientôt, nous serons isolés, avec comme seul sauvetage possible la simple force de cette équipe.

Pour notre hivernage, nous avons choisi une ancienne station de l'Argentine,
située dans l'archipel de Melchior, en raison de l'étroitesse de sa baie. Un solide système d'amarrage,
fixé profondément dans le roc des rives, retenait le voilier au centre de la petite baie.
Les bâtiments abandonnés de la station ne devaient être utilisés qu'en cas d'urgence.
Le sauvetage, même en cas de force majeure, n'était plus une option.

LA MENACE DU TEMPS

Le site d'hivernage est maintenant prêt, mais l'hiver et la banquise doivent s'installer sans délai. Après des semaines de pluie incessante, la neige et la glace sont enfin venues transformer le paysage. Enfin ! Nous y avons cru, mais l'espoir s'est rapidement dissipé, soufflé par les vents chauds du nord. Ici, les vents du nord transportent la chaleur des villes, pourtant si loin. Les températures enregistrées depuis notre arrivée sont bien au-delà des moyennes : plus de 5 °C au-dessus des normales de saison. Cette chaleur nouvelle empêche la formation normale de la banquise. Il fait chaud, trop chaud. Les récifs à l'entrée de la baie devaient empêcher les icebergs de venir nous menacer. Ils se brisent plutôt au contact des écueils et choisissent souvent la nuit pour se faufiler.

Notre système de retenue au rivage n'est pas vraiment conçu pour résister aux grands vents. Nous devions être englacés, figés dans la banquise qui se fait toujours attendre. Au lieu de cela, les vents violents font dangereusement danser notre voilier au bout de ses cordages. Dans cette baie devenue trop petite, nous risquons l'échouage à chaque nouvelle tempête. Nous avons doublé, voir triplé certaines amarres pour plus de sécurité. Mais avec de nouvelles tempêtes prévues, le doute s'installe. Seule la banquise pourra nous sauver. Sans glace, je ne peux garantir notre sécurité. Et comme l'équipe de navigation est repartie avec le brise-glace de la dernière chance, nous ne pouvons même pas envisager la fuite.

Les vents dépassent régulièrement les 100 km/h, et les prévisions météo n'annoncent rien de bon pour les prochains jours. Si les amarres qui nous retiennent au rivage cèdent sous la pression du vent, notre voilier de 650 tonnes ira se fracasser sur les berges. Accepter l'isolement et la solitude de l'hiver pour documenter les effets des changements climatiques, peut-être. Mais en être les premières victimes, sûrement pas !

104

8 mai 2006 – Une violente tempête dans le passage Drake, situé entre le cap Horn et la péninsule antarctique, a déchaîné la mer, menaçant la sécurité de l'équipage du voilier océanographique *Sedna IV*, ancré à sa base d'hivernage de Melchior (064° 19,528'S 62° 58,640'O). La forte houle a pénétré dans la petite baie où était retenu le voilier de 51 mètres. La baie de Melchior, choisie par l'équipage justement parce qu'elle offrait une excellente protection contre les tempêtes, ne fait que 40 mètres de large sur une centaine de mètres de long. Le *Sedna* était retenu au rivage par une série de cordages et de câbles d'acier, tous fixés dans le roc à l'aide de tiges d'acier trempé.

À 18 h 9 min, une première vague a brisé le système de retenue d'une des amarres. L'équipage a essayé de réparer, mais, rapidement, d'autres vagues plus importantes sont venues réduire à néant les efforts de l'équipe. Vers 21 h 30, les six amarres situées du côté bâbord du navire ont toutes été brisées par la force des vagues, et l'équipage n'a eu d'autre choix que de mettre en application le plan d'évacuation d'urgence. Il a fallu couper rapidement les amarres de tribord et diriger le voilier entre les écueils de roche situés à l'entrée de la baie. La délicate manœuvre s'est déroulée dans le calme, et l'équipage du *Sedna* a pu sortir sain et sauf de la petite baie. Le chef de mission, Jean Lemire, explique :

« Il n'y avait absolument rien à faire devant la force des vagues. Il devenait vital de quitter rapidement la baie pour assurer notre sécurité. Mais sortir un voilier de 650 tonnes dans de pareilles conditions demandait beaucoup de concentration et une parfaite coordination des troupes. Tout s'est déroulé très rapidement, et l'équipage a démontré beaucoup de sang-froid. »

Le *Sedna* est maintenant ancré de façon sécuritaire dans une baie avoisinante. Le chef de mission a déjà confirmé que l'expédition allait se poursuivre.

« Mission antarctique doit continuer malgré les nouvelles difficultés. Nous devons maintenant nous concentrer pour trouver un endroit sécuritaire pour l'hiver, situé à proximité de la base argentine Melchior où nous venions d'achever l'aménagement d'un laboratoire de recherche, en collaboration avec l'Institut des sciences de la mer de l'Université du Québec à Rimouski et de l'Institut antarctique argentin. Tout le matériel scientifique est resté derrière nous, et nous réévaluerons la situation dans les prochains jours. Chaque membre d'équipage a pu prendre contact avec sa famille pour la rassurer. Nous sommes maintenant en sécurité, et nous commencerons, dès les premières lueurs du jour, la réorganisation de l'expédition. »

Ce soir, je fais comme si la vie avait retrouvé une certaine normalité, comme si tout était redevenu normal. Mais, en vérité, plus rien ne sera comme avant, et nous le savons tous. Nous avons eu peur, nous avons douté de notre réussite quand l'heure a sonné, quand la seconde de vérité est arrivée et qu'il a fallu lancer le navire instable vers les mortels récifs de la sortie. Je n'oublierai jamais ce moment. J'ai vécu une décharge d'adrénaline telle que j'ai crié… Imaginez une situation où vous n'êtes confronté à aucune autre option que celle de faire le grand saut, dans le vide, sans trop savoir s'il y aura quelque chose ou quelqu'un en bas. Vous ne voyez pas trop ce que vous faites, c'est la nuit et vous ne pouvez vous fier qu'à l'écume de la mer qui s'échoue sur les rochers menaçants. Vous n'avez plus d'autres options que de foncer. Vous savez trop bien que de cette dernière manœuvre dépend le sort de tous les autres, ceux et celles qui, depuis des heures, combattent sans relâche pour simplement survivre. Vous ne voulez pas vraiment y aller, mais il n'existe plus d'autres choix possibles.

L'instinct avait déjà annoncé la tragédie. Quand le vent s'est mis à diminuer en après-midi, *Sedna* a entrepris sa dernière danse avec le diable. Au bout de ses ficelles, notre marionnette de maison ne pouvait combattre les éléments trop puissants. Comme si la main de Neptune nous tenait, nous contrôlait d'en haut. Mario et les autres ont bien tout essayé quand les amarres ont commencé à céder sans trop de résistance. Nous ne sommes tellement rien ici quand la force de la nature nous rappelle à l'ordre, qu'elle nous renvoie à notre statut fragile d'*homo sapiens*. Neptune s'est bien amusé, sans pitié, sans compassion aucune.

Vers 21 h 30, nous savions que la partie était déjà perdue. Plus qu'une seule amarre sur bâbord, un simple filin de nylon pour retenir 650 tonnes d'acier. Serge est descendu chercher les haches. Les amarres à l'arrière et celles sur tribord étaient tendues à l'infini. Pour elles aussi, ce n'était plus

qu'une question de minutes. Nous pensions avoir le temps de nous préparer. La dernière vague s'est annoncée dans un grondement sourd et final. C'était la fin… Il fallait maintenant couper les liens avec tout ce que nous avions bâti. À grands coups de machettes, nous avons asséné de grands coups dans la vie pour nous libérer, abandonnant notre passé derrière nous.

Mais encore fallait-il réorienter rapidement *Sedna* vers la sortie, dans la vague et, surtout, entre les récifs. Pour pouvoir manœuvrer un tel voilier, vous devez mettre les gaz, acquérir une certaine vitesse pour demeurer manœuvrable. Et pour éviter l'écueil de roche devant nous, il fallait foncer vers l'autre récif avant de rediriger la barque si lourde. Nous avons frôlé le brisant pour revenir au centre de l'étroite sortie, balayée par des vagues incessantes. Retenus par nos ancres, nous les avons draguées vers le large, jusqu'à ce que la menace soit derrière nous. Je crois bien que c'est là que j'ai crié…

C'est à ce moment que vos sentiments se mélangent, que vous éprouvez un peu de tout, mélange de joie et de tristesse. Heureux de nous en être sortis sains et saufs, tristes de laisser derrière nous tout ce travail accompli.

Aujourd'hui, après une nuit sans sommeil qui n'en fut pas une, l'équipe est allée revisiter les lieux. Il fallait bien aller mettre un peu d'ordre et essayer de récupérer les morceaux laissés en place. Une séparation laisse toujours des morceaux de nous derrière, égarés, orphelins. Je suis resté à la timonerie. Non pas pour mieux tourner la page, mais parce qu'il faut bien quelqu'un pour surveiller Éole et Neptune qui peuvent se manifester à tout instant.

Il faut maintenant refaire notre vie, notre routine, notre quotidien. Pour cette nuit, nous demeurons encore des sans-abri, des sans-papiers. Demain, si Éole et Neptune le veulent bien, nous rebâtirons nos vies et notre nouvelle maison. Et si je me fie au courage et à la volonté de cette équipe extraordinaire, nous en sortirons grandis.

107

Le nouveau site d'hivernage, rebaptisé «Baie Sedna».

108

LE NOUVEAU SITE D'HIVERNAGE

Ce soir, les flocons de neige virevoltent sur l'encre noire de la nuit. Nous ne les avons jamais vus ainsi, du moins, pas récemment. Protégés des vents, ils flottent dans l'air. Pas un son, pas une vague pour briser le silence de la nuit. Le *Sedna* entreprend sa première nuit à son nouveau site d'hivernage. Tout est calme. Aucun mouvement du voilier, pas même la houle du large ne saurait trouver son chemin jusqu'ici.

Le nouveau site d'hivernage choisi est bien protégé, enclavé entre les glaciers, les îles et les bras de mer qui se faufilent. Il faut connaître les lieux pour accéder à ce paradis perdu. Même le vent ne semble pas connaître le chemin. Du moins, pas encore... Mais, surtout, le nouveau site est protégé de la houle, des vagues qui ne pourront refaire le complexe trajet que nous avons parcouru aujourd'hui.

Pas facile d'accéder au paradis. À dire vrai, jamais je n'aurais pensé faire passer le voilier par de si étroits passages. Moins de quarante mètres de largeur par endroits! Nous en faisons plus de 8. Et une série de virages à 90°. Pas facile pour un bateau de 51 mètres de longueur. Les manœuvres ne pouvaient s'exécuter que dans des conditions idéales, ce qu'Éole nous donna, sans doute par compassion. Plus que jamais, je regrette le départ de notre capitaine. Je n'avais jamais pris la barre de notre voilier. L'improvisation et le jugement guident la manœuvre, et le simple désir de survivre trace la voie.

Il faudra toutefois bien assurer l'amarrage. Tout reste encore à faire. Nos déboires ont trouvé écho dans le monde, et le brise-glace américain *Laurence M. Gould* a décidé de dévier de sa route pour nous apporter de nouvelles amarres. Cette visite imprévue, organisée à la hâte, nous aidera à consolider nos installations. La solidarité entre marins permettra de sécuriser notre nouveau site d'hivernage.

Hier, en terminant le journal j'écrivais : « Ce soir, nous avons retrouvé le calme et le silence de l'Antarctique. Ce soir, nous retrouverons les bras de Morphée avec un plaisir renouvelé. » Eh bien, il semble qu'Éole n'ait pas apprécié...

En pleine nuit, il a décidé de nous faire payer le fort prix pour cet abandon collectif. La vengeance fut terrible. Les marins perdus en songes n'ont eu d'autres choix que de se rhabiller vite fait, car le dieu du vent venait de trouver le passage qui mène à notre refuge d'hiver.

Les coups au flanc furent terribles, pernicieux, presque assassins. Le vent a soufflé, puis soufflé encore plus fort. Il a entraîné *Sedna* vers le rivage, dangereusement, jusqu'à le frôler. Pendant ce temps, l'équipe rassemblait les restes d'amarres récupérées de la catastrophe de Melchior pour en improviser de nouvelles, plus longues, raboutées, mais encore solides. Stevens et moi avons essayé de jouer du moteur, mais ce fut en vain. Éole était en colère, déchaîné. Il allait nous faire payer le prix de notre négligence de la veille.

Une première amarre est rapidement transportée sur un cran de roche de la côte. Elle retiendra le voilier qui continue sa lente migration vers les rochers. Les deux ancres nous sauvent encore, mais elles chassent, lentement, sous les assauts répétés de ce vent de tempête. Le creux barométrique, au cœur de la dépression, indique 934,5 mb. Jamais vu la pression aussi basse. L'anémomètre se bloque et je n'arrive plus à lire la vitesse du vent. Peu importe, à plus de 100 km/h, on ne compte plus, on constate. Triste constat, d'ailleurs. L'amarre vient de se coincer dans le propulseur d'étrave. On n'y voit presque rien. Le blizzard masque les opérations entre l'équipe de terre et celle du pont. Rien à faire, l'amarre s'est enroulée dans le moteur avant, et il faudra envoyer Mario, notre plongeur.

Il aura fallu une bonne trentaine de minutes d'efforts et sans doute un peu de rage au cœur pour dégager la ligne. Pas question d'utiliser les moteurs avec un plongeur qui travaille sous la coque. Impuissants, nous n'avons d'autres choix que de nous en remettre au travail des deux ancres qui continuent de chasser, lentement. Le rivage est là, menaçant, quelques mètres à peine. Rancœur au cœur devant tant d'impuissance, je sens le stress et la pression monter.

Le talon de la coque du voilier heurte le fond. Il faut bouger, réussir à sortir ce foutu filin de nylon prisonnier du moteur. Une autre secousse, un autre bruit sourd. L'algarade intérieure envers Éole est franche et directe. Nous ne méritons pas cela.

Mario, l'homme de la situation quand les choses tournent mal, réussit à dégager l'amarre. Elle est rapidement fixée au guindeau pendant que Mario remonte sur le pont. Le moteur est rapidement embrayé de l'avant, assisté dans la manœuvre par le propulseur d'étrave. On bouge! *Sedna* remonte les rafales avec une étonnante puissance, comme si la déesse du Nord avait envie de vivre pour montrer aux dieux du Sud ce dont nous sommes capables. L'équipe de terre fixe l'amarre au socle de roche. Nous sommes de retour au milieu de la baie, maintenant prêts à affronter le dieu du vent en crise. D'autres amarres sont fixées au rivage. Pour le moment, nous survivons.

Aujourd'hui, encore, nous avons surmonté les difficultés en équipe. Au repas de midi, tout le monde s'est mis à chanter. L'équipe, épuisée, trempée, exténuée, a décidé de rire un bon coup. Est-ce la folie qui s'installe? Non, c'est encore une fois l'extraordinaire solidarité et cet esprit d'équipe formidable qui réussissent à nous sortir des situations périlleuses. Tout le monde participe. Depuis quatre jours, malgré le stress, l'insomnie, la fatigue et les conditions difficiles, nous avons réussi à garder le sourire. Certes, il y a le doute, inévitable quand vous luttez ainsi pour conserver votre petit coin de territoire devant les éléments. Mais, depuis le début, nous faisons front commun devant l'adversité pour surmonter les obstacles.

Les petits détails ne sont pas oubliés et ils font une différence en fin de journée quand, vidés de toute énergie, vous revenez au carré d'équipage pour le repas du soir. Dans les conditions actuelles, on se contenterait de bien peu de choses en guise de repas. Oh non! Joëlle, inspirée, nous prépare de somptueux festins. Ce sont ces petits détails qui font la différence, qui soudent une équipe et qui permettent de poursuivre la route malgré les obstacles du parcours.

Que ces petits détails soient notés au journal de bord, pour qu'ils ne se perdent pas dans les récits et qu'ils trouvent leur place dans la petite histoire de cette expédition. Car ce sont eux qui nous tiennent, nous soutiennent et nous poussent à continuer.

Quant à toi, cher Éole, je sais que tu en prépares une autre. Encore plus forte, plus puissante. On annonce déjà tes vents de tempête sur tout le secteur. Le système barométrique en déplacement est à 930 mb, un autre nouveau record de basse pression pour tous les membres de l'équipage.

Tu sais Éole, nous avons compris, pas la peine d'en rajouter. Nous délaissons Morphée. De toute façon, il y a longtemps que nous ne dormons plus…

Les lumières chaudes embrasent le ciel et donne à notre nouveau site d'hivernage des allures de tableaux impressionnistes.

DE LA GRANDE VISITE

Ils sont venus, puis sont repartis. Pas le temps de fraterniser. Le brise-glace américain *Laurence M. Gould* vient de quitter la baie, emportant avec lui les derniers relents de la seule civilisation disponible ici.

Encore une fois, je ressens un sentiment étrange, indéfinissable. Chaque fois que nous touchons aux autres, quand nos regards croisent des incarnations de ce que nous avons laissé derrière nous, l'âme s'alourdit et le temps pèse. Soudainement, nous calculons ce temps, celui qu'il reste, celui que nous avons parcouru et, toujours, nous pensons à ceux et celles qui nous attendent sur le quai des solitudes.

Pourquoi le temps prend-il une tout autre forme quand la solitude se brise ? Pourquoi les heures paraissent-elles plus longues quand nous touchons aux soupçons d'hier ? Et pourquoi les heures s'étirent-elles sans raison quand nous regardons vers demain ? Peut-être tout cela traduit-il une certaine fragilité. Peut-être, alors, vaut-il mieux demeurer au cœur de notre état autarcique pour éviter le retour des pensées noires, noires comme la nuit, et, inévitablement, bientôt, noires comme le jour.

Ce matin, aux premières lueurs, j'ai rejoint le brise-glace et sa précieuse cargaison. Ce matin, comme prévu, j'avais rendez-vous avec un soupçon de normalité qui arrivait tout juste de la ville. Pour la première fois depuis deux semaines, je quittais la baie. Voilà maintenant quinze jours que je n'étais pas sorti. Il fallait bien que quelqu'un demeure au poste, le temps d'assurer notre nouvel amarrage. Quand vous craignez le pire, vous assurez. C'est souvent ainsi quand vous ne faites plus confiance aux dieux, celui du vent, de la mer ou du temps.

Ce matin, en accompagnant ainsi le lever du jour, je savoure à nouveau les grands espaces. En contournant la baie, cap au sud, je revois la beauté de l'île d'Anvers. J'apprécie de nouveau l'extraordinaire panorama, succession sans fin de sommets englacés qui se découpent sur l'infini. Puis, face au nord, la mer s'offre, infinie elle aussi, comme une invitation au marin. Jamais je n'ai autant senti son appel. Dans la brise silencieuse du large, on m'appelait du nord.

Ce matin, quand le jour a pris ses couleurs, je n'avais qu'à hisser une de mes voiles et je serais parti vers le nord. Le nord, ici, c'est vous. Le nord, aussi, c'est nous. Ce que nous avons laissé derrière nous, ceux et celles qui nous manquent.

Quand la solitude se brise, le temps prend une tout autre forme, l'âme s'alourdit et le temps pèse.

Demain, quand le jour jouera à nouveau du pinceau sur la toile de l'horizon, nous déballerons la cargaison arrivée du nord. Nous chercherons en vain les petits cadeaux que nos proches ont bien voulu nous envoyer. Il n'y aura rien. Rien de vous. Rien de nous. La cargaison personnelle s'est perdue quelque part entre le Chili et l'Antarctique. Pas une lettre, pas un seul petit mot, ni même une photo récente de ma chienne... À ce que l'on m'a dit, elle va bien. Elle a même un nouveau tonton pour ses randonnées à la montagne...

Peut-être que tout ce remuement émotif ne serait pas arrivé si, au départ des hommes du *Gould* venus porter assistance, nous n'avions pas eu droit à la fameuse phrase qui ramène tout le poids du temps. Avant de partir, les gars, aimables, sympathiques et généreux, ont simplement utilisé l'expression : « Bon hiver ! »... Et vlan ! En deux mots, une simple et seule vision : tous ces mois, ces semaines, ces jours et ces secondes. Comme si chaque nouveau contact avec le vrai monde nous ramenait au point de départ.

Nous avons tout laissé en plan et nous sommes allés faire la sieste. Demain, quand les derniers effluves du passé se seront évaporés dans la nuit, nous retrouverons nos solitudes, en groupe, et, avec elles, tous les outils et les mécanismes essentiels au passage du temps. Ceux que nous avons forgés, ceux que nous avons construits à grands coups de mélancolie.

Demain, parce qu'il fera beau, nous retrouverons un certain bonheur local, antarctique, presque familial. Le temps retrouvera aussi son rythme, sa cadence, sa mesure. Peut-être faut-il toucher certains repères pour affronter le temps ? Quand la solitude se brise, le temps prend une tout autre forme, l'âme s'alourdit et le temps pèse. Alors, souvent, nous pensons à vous.

Mais demain, parce qu'il fera beau, nous retrouverons, avec plaisir, la véritable mesure du temps. Malgré une certaine normalité retrouvée, encore, nous penserons à vous…

Le brise-glace américain *Laurence M. Gould* venu porter assistance.

113

IL PLEUT

Il pleut. Pas une petite bruine d'atmosphère toute douce qui rafraîchit le visage, mais plutôt de véritables averses qui tombent de la nuit. Incroyable! Et si l'hiver avait décidé de passer son tour? Inquiétant tout cela. Vraiment inquiétant.

Nous sommes bientôt en juin, et le mercure continue de nous jouer des tours. La quantité de pluie qui s'est déversée sur nous depuis trois mois est impressionnante. S'il en est encore qui ne croient toujours pas aux effets des changements climatiques dans cette région du monde, dites-leur de venir faire un tour ici. Bientôt juin, et il tombe des cordes. Naturels, ces changements? Allez lire les récits des explorateurs d'hier, ceux qui ont osé affronter l'Antarctique à ces temps :

« ... *Avril se passe ; la température moyenne du mois a été assez basse : le 3 (qui correspond au 3 octobre de l'hémisphère boréal), nous notions, à six heures du soir, un minimum de - 26,5 °C »*

Adrien De Gerlache De Gomery, avril 1899.

Certes, l'expédition de la *Belgica*, le navire de De Gerlache, était installée à environ 300 milles au sud de nous. Mais leurs observations sont éloquentes : 12 mars : − 18,6 °C ; 15 mars : − 20,3 °C. Si mes calculs sont bons, la température moyenne enregistrée par l'équipage de la *Belgica* en avril 1899 fut de − 11,8 °C. Ici, en avril, notre température moyenne fut de − 0,6 °C, et mai ne dépassera sans doute pas les − 2 °C !

Certains diront que ma comparaison ne tient pas la route, puisqu'il s'agit de latitudes différentes. Mais les historiques de température ne sont pas légion en ces terres de glace et l'on trouve ses informations où l'on peut. Pas assez scientifique tout cela? Qu'à cela ne tienne! J'ai aussi une autre référence, infaillible, éloquente, qui correspond à des observations enregistrées sous nos latitudes. La station scientifique américaine de Palmer a enregistré les températures de l'air entre 1951 et 2001. Nos voisins américains sont juste à la porte d'à côté. Ils ont noté une augmentation importante des températures, principalement au cours des deux dernières décennies. Pour bien comprendre l'impact de cette augmentation de température, ils ont ciblé le mois de juin, premier mois d'hiver austral. Au cours de ces 51 années d'études, le mercure a grimpé en moyenne de 0,11 °C par année, ce qui représente une augmentation de 6 °C en juin pour l'ensemble de la période. Cette augmentation de température enregistrée n'a pas d'égale sur la planète. Aucun autre endroit n'a connu une augmentation de température aussi élevée, et en si peu de temps.

Une glace mince comme une feuille de papier avait pourtant réussi à se former dans les endroits les plus calmes de la baie, là où le vent n'arrive même pas à lever une risée sur l'eau. Une glace d'espoir, rapidement noyée par la réalité d'un climat en plein bouleversement.

De grands flancs de notre péninsule se liquéfient devant une chaleur nouvelle. Une chaleur venue du nord, une chaleur produite par nos actions humaines. Il fut un temps où l'ignorance pouvait excuser nos gestes. On ne peut reprocher ce que l'on ne connaît pas. Mais aujourd'hui, devant tant de preuves irréfutables, ne serait-il pas temps de passer à l'action pour préserver ce qu'il reste de nous? Ce soir, sur le pont arrière du *Sedna*, j'entends le fracas des glaciers de la baie qui laissent partir des pans de glace complets à la mer. Je ne les vois pas, car ils sont dissimulés dans la nuit noire. Je ne peux que les entendre. Un son de catastrophe, de cataclysme, d'épouvante, que seule la nuit noire répète en écho, comme un message, comme un appel de détresse dans la nuit. Nous ne sommes malheureusement que treize ici pour entendre. Il en faudrait des millions, voire quelques milliards pour espérer un impact, pour que ce bruit d'apocalypse provoque enfin un réel changement.

Entendez-vous ce que j'entends ?

LA NUIT ANTARCTIQUE

Mi-juin, déjà... Plus que quatre heures d'interruption quotidienne de la nuit, et un moral des troupes qui tient le coup, malgré quelques sombres pensées inévitables quand nos regards se dirigent vers le nord. La solitude et ses effets nous rejoignent graduellement.

Que tout est vain et inutile lorsqu'on est épuisé, fatigué, l'esprit chargé par des conditions de vie qui ne veulent pas s'améliorer : vents du nord en prévision et sans doute une autre vague de chaleur qui ralentit toujours et encore notre installation psychologique dans un hiver d'attente. Toujours pas de glace.

Je présume que nos sombres pensées se consument dans l'abîme de la solitude, ou encore celle de la nuit puisque, souvent au matin, une énergie nouvelle nous convainc que tout cela n'est pas vain. La survie est ainsi faite de tâches quotidiennes qui masquent la vie telle qu'elle est. Derrière l'apparence, la solitude égrène le sablier du temps qui s'éternise en langueur monotone.

L'hiver refuse toujours de s'installer. La lumière du jour diminue, comme l'espoir de voir enfin la banquise nous redonner une certaine mobilité. Confiné dans cette prison d'acier, je redoute l'inactivité des troupes. Les animaux de la baie attendent aussi l'arrivée de la glace, mais ils possèdent un avantage sur nous. Libres de leurs mouvements, ils peuvent s'isoler en cas de conflit. La longue nuit antarctique de vingt heures s'est installée. Les murs de notre cachot de glace empêchent les rayons directs de ce soleil rasant de pénétrer dans la baie. Il ne reste plus que quatre petites heures de clarté par jour pour profiter des faibles lueurs sur le pont du voilier. L'ambiance et le temps, lourds, n'ont plus la même signification. Seule la beauté de cette nature fragile arrive encore à nous réconforter dans notre décision de rester. Juillet ressemble en tous points à juin. Le mercure descend régulièrement sous le point de congélation, mais les dépressions du nord replongent rapidement le territoire dans sa chaleur nouvelle. L'absence de la banquise nous emprisonne toujours davantage dans notre monotonie. Sans glace, nulle part où aller.

Les phoques ont aussi besoin de la glace pour se reproduire et mettre bas. Ils cherchent comme nous l'espoir à travers les quelques plaques dérivantes. Eux aussi devront attendre. Notre destin est commun, comme celui de tous les êtres vivants.

Le phoque léopard rôde toujours, menaçant tous les habitants de la baie. Le phoque de Weddell attend aussi. Les manchots papous devaient avoir quitté le territoire avant l'hiver, mais ils ne sont pas menacés par la banquise et semblent y avoir élu domicile. Même les baleines soufflent encore au large, libre de glace. Les routes migratoires millénaires semblent aussi perturbées par le climat. Seule compensation véritable, une rencontre inoubliable avec une baleine à bosse, curieuse, qui s'est amusée avec nous, comme on invite un ami en sa demeure. La sienne, c'est la mer, bleue et infinie.

Nos voisins acceptent volontiers notre présence. Nous faisons partie de cette grande famille qui s'accroche à l'espoir commun de voir la glace redonner à la vie une certaine normalité.

Les conditions difficiles d'hivernage, le manque de liberté, les nuits de vingt heures et la promiscuité affectent de plus en plus le corps et l'esprit.

Nous pensions être prêts à affronter l'isolement et la pression du temps. Mais peut-on vraiment se préparer face à l'inconnu. Pour ceux et celles qui savent entendre et voir, le réconfort s'exprime dans le silence de cette nuit antarctique et dans cette succession de toiles abstraites que dessinent les faibles rayons sur l'horizon passager. Heureusement, il reste encore la fragile beauté de cette nature endormie.

Les lumières chaudes de juillet ont encore une fois enrobé les îles, les glaciers et les baies avoisinantes. En fin de journée, elles ont enflammé le ciel d'une douce teinte de carmin qui a pratiquement mis le feu au décor tellement les parois de l'île Brabant ont tourné au cramoisi. Une beauté éphémère qui s'exprime dans une nuit noire, interminable, qui transporte sur les voies intérieures de nos âmes prisonnières les sombres pensées. Comme cette nuit est longue et cafardeuse par moments...

Ce rorqual à bosse (*Megaptera novaeangliae*) s'est amusé pendant près de cinq heures avec nous.

118

LES RÉFUGIÉS CLIMATIQUES

Enfin, elle est là. Fragile. Le mois d'août apporte l'espoir. La glace semble vouloir prendre forme dans notre petite baie.

Le moral des troupes semble suivre la courbe progressive de la lumière du jour. Nous gagnons jusqu'à sept minutes de clarté quotidiennement, et le soleil s'élèvera bientôt au-dessus des murs de notre prison de glace.

Si la glace de la baie s'installe enfin, cela demeure une exception dans le secteur. Tout autour, c'est l'eau libre. À n'en pas douter, l'hiver manquera de temps pour se manifester, pour englacer le territoire, phénomène essentiel à la vie. Les habitants de l'hiver ont besoin de cette glace pour se reproduire et pour perpétuer la vie. Notre petite baie englacée représente désormais le seul refuge pour les animaux qui ont besoin de la glace pour se reproduire et donner naissance. Nous voilà tous victimes, réunis sur notre petite île flottante, comme des réfugiés climatiques qui partagent un même territoire.

Sous la glace, dans les profondeurs de ce monde encore méconnu, la vie s'exprime en formes et en couleurs, comme une grande fresque naturelle. Tant de beautés étranges, mystérieuses. Nos plongeurs rapportent chaque jour des fragments de ce monde méconnu, images d'une vie nouvelle que nous découvrons enfin. Mais la prudence est de mise. Le phoque léopard, redoutable prédateur, ne manifeste aucune crainte devant nos plongeurs. Il utilise même les ouvertures pratiquées dans la banquise par nos plongeurs pour nous rejoindre en surface. Prudence, marins…

Le phoque léopard (*Hydrurga leptonyx)* le plus redoutable des prédateurs de l'Antarctique. Méfiance plongeurs…

Rapide et agile, le grand prédateur n'a peur de personne.

Martin, François, Sébastien et Mariano, durant les corvées de déneigement.

La neige continue de tomber à plein ciel. Sur notre petite banquise, telle une île assiégée par d'éblouissantes falaises de glace, moutonnent çà et là des congères formées par le vent.

Les hautes cathédrales de glace nous confinent dans notre refuge de glace, mais un seul regard porté sur le détail de leurs parois dévoile la force du temps. L'affleurement bleuâtre des veines de pression qui serpentent sous la surface révèle les traces laissées par des millénaires, que la pression et le temps sont venus graver dans les archives éphémères de la glace.

Fissurés, craquelés et crevassés, les remparts se dressent vers le ciel, vers l'autre bleu, celui du ciel. Ici, en Antarctique, le bleu et le blanc dominent. Bleu de la glace, du ciel et de la mer. Blanc de la neige, des nuages, de la banquise. Mais tout ce blanc n'est qu'une représentation passagère de ce qui retournera en eau, de ce qui redeviendra bleu.

Le décor change donc rapidement. Ici, tout était figé dans le temps et dans la glace depuis des millénaires, mais les glaciers reculent maintenant avec une rapidité déconcertante et dévoilent un nouveau visage caché de la péninsule antarctique. À la station américaine de Palmer, on a déjà recensé cinq nouvelles îles au cours des trente dernières années... L'eau, la mer, reprend peu à peu le contrôle de ce territoire à mesure que la chaleur nouvelle fait fondre ce monde de glace.

Sur notre planète bleue, l'eau domine nettement la terre. Vus de l'espace, nous ne sommes que des insulaires. Pourtant, bien à l'aise en nos îles royaumes, nous vivons d'illusions, croyons tout dominer, voulons tout contrôler. À preuve, nous avons peuplé les rives de nos continents en pensant que tout serait immuable, stable et permanent. Pourtant, l'élévation du niveau de la mer constituera sans doute l'un des plus grands défis de l'humanité. Avec le temps, la mer grugera de plus en plus une partie de nos îles royaumes.

Nous sommes entourés de bleu. Le bleu du ciel, pur et sans fin. Un ciel qui marque la frontière de notre monde, la fin de ce que nous sommes et le début de ce que nous ne connaissons pas. En perpétuel questionnement sur les origines de la vie, nous rêvons de jeter un regard discret sur l'au-delà, par-delà la voûte étoilée de la nuit.

Il y a aussi le bleu de la mer. Sa surface brillante est un miroir réfléchissant l'autre bleu, celui du ciel. Un seul regard et nous voilà confrontés aux limites de notre espace. Le haut, le bas. Car sous ce miroir gît aussi le mystère. Encore et toujours le bleu, mais en plus obscur. Celui des grandes profondeurs et de leurs secrets.

Voilà nos limites, celles de la vie telle que nous la connaissons. Or, ce qui dicte toute cette vie, c'est le bleu de ces limites. Le ciel et la mer qui nous confinent en nos îles.

Je demeure sans mots pour décrire la pureté de ce moment. Immobiles pendant de longs moments, nous respirons à peine, le regard accroché sur le plus haut sommet de l'île Brabant qui s'offre en teintes de bleu, de mauve, puis de violet. Notre immobilité s'impose devant l'inertie du jour qui cède place à la nuit. Les derniers rayons veulent s'incruster au sommet des glaciers, dans les interstices de cette glace millénaire, mais ils doivent s'esquiver devant les ombres rapides et fuyantes qui devancent la nuit noire. Dans le silence et la solitude de la nuit, une lune se lève pour narguer la noirceur.

Tempête dans la baie Sedna.

Notre immobilité s'impose devant l'inertie du jour qui cède place à la nuit.

129

Nous rentrons au voilier, suivis par nos ombres, que la simple lueur lunaire détache contre l'immaculée banquise. Le crissement de nos pas sur la neige sèche résonne dans la baie, puis se répète en écho dans la nuit nouvelle. Sans mot dire, nous rentrons au voilier, inspirés par ce silence. À chaque arrêt, simplement rien, pas un son, pas même une respiration retenue. L'inspiration est ainsi faite : une impénétrable discrétion et un silence absolu.

Nous aimons en silence, inspiré par ce rien qui, pourtant, agit et se manifeste. Nous reprenons notre trajet, un parcours qui ne peut s'accompagner de paroles. Déjà, le simple bruit des pas sur la neige semble de trop. L'esprit capte pourtant les soupirs intérieurs, ceux qui en redemandent et qui ne veulent pas que tout cela se termine. Et pourtant, dans la vie, tout amour connaît un jour sa fin, aussi bon soit-il.

Ainsi va la vie, ainsi va la mort, ainsi soit-il...

Nous ne retrouverons plus ce silence. Ici, même la romance du vent dans les feuilles des arbres n'existe pas. Pas plus que ces sons que nous avons créés et qui nous empêchent maintenant de voir et d'apprécier.

Nous contournons le petit monticule qui surplombe la pouponnière de phoques. Un autre arrêt, un autre soupir silencieux. Nous emmagasinons nos réserves de silence pour le long voyage. Soudain, un fracassement sourd qui se répète dans l'écho de cette nuit neuve. Un autre mur de glace vient de céder sous la pression du temps, sous les assauts de ce climat qui attaquent sournoisement les cathédrales naturelles de glace qui s'érigent encore en mémoire d'une autre époque. Une autre image à tout jamais envolée, perdue. Le décor change si rapidement qu'il nous sera impossible de retrouver l'intégralité de ces lieux, un jour, quand nous reviendrons peut-être en visiteurs. Le climat aura transformé la place. D'autres viendront pour louanger la beauté de cette nature, mais ils ne sauront rien sur l'état des choses avant le grand bouleversement. Nous portons déjà un regard sur une nature transformée. Personne ne sait ce qu'il en était, et personne ne saurait prédire ce qu'il en sera, car tout change trop rapidement.

Nous sommes rentrés au voilier, sans mot dire, dans le silence et la solitude de la nuit. Un silence éloquent...

L'inspiration est ainsi faite : une impénétrable discrétion et un silence absolu.

Nous rentrons au voilier, suivis par nos ombres, que la simple lueur lunaire détache contre l'immaculée banquise.

Phoque crabier (*Lobodon carcinophagus*).

Sur cette glace fragile, mince mais portante, nous retrouvons nos repères de résidants du Nord.

Une photographie célèbre du photographe de l'expédition, Frank Hurley, prise en décembre 1915, montre les hommes de Shackleton qui tirent le *James Caird* sur la banquise. Nous avons rejoué, à notre façon, la fameuse scène, plus de 90 ans plus tard.

135

Un phoque crabier (*Lobodon carcinophagus*) partage notre petite banquise. Les phoques, qui ont besoin de la glace pour se reproduire, sont devenus, comme nous, des réfugiés climatiques dans la petite baie Sedna.

136

Depuis que la glace a finalement recouvert la baie Sedna, il ne se passe pas une journée sans que nous pratiquions le ski, la marche, la raquette de neige ou le bon vieux hockey sur glace. Sur cette glace fragile, mince mais portante, nous retrouvons nos repères de résidants du Nord. Nous apprécions l'hiver et ses sports qui chassent la solitude et la monotonie de l'immobilité. Depuis que les grands espaces s'offrent enfin à nous, nous revivons. Notre cachot d'acier flottant est de plus en plus déserté, et le moral des troupes semble suivre la progression naturelle de la lumière du jour. Les journées ont retrouvé une certaine normalité, avec des cycles d'ensoleillement qui correspondent à ceux que nous vivons à la maison, en hiver. Nous gagnons jusqu'à sept minutes de clarté par jour ! La vie aussi retrouve une certaine normalité.

Le miracle de la vie s'est encore produit sur notre petite banquise. Aujourd'hui, pour un jeune phoque de Weddell, c'est le grand commencement. Difficile de demeurer insensible devant cette boule de poils qui vous regarde, les yeux mouillés, se mordillant les patoches ou encore s'époumonant et annonçant ainsi sa naissance. Impossible de passer à côté : l'écho des glaciers porte en rappel la bonne nouvelle dans toute la baie.

Il n'est pas seul. Une bonne quinzaine de bébés phoques ont vu le jour depuis les trois dernières semaines. Notre présence à leur côté ne semble pas les importuner. Curieux, ils rampent régulièrement vers nous, sans que la mère s'inquiète.

Les phoques de Weddell se prélassent à la pouponnière, effectuant de plus en plus d'allers-retours entre la banquise et la mer. Tout semble placé, immortel dans ce décor que nous connaissons si bien, comme si nous faisions maintenant partie de ce paysage immuable.

Septembre n'est déjà plus, et nous avons le sentiment que le temps file de plus en plus rapidement. À chaque nouveau coup de sablier, l'étrange impression que nous abandonnons une partie de nous, ici, confiée aux recoins de cet environnement qui aura changé notre vision sur la vie. Que restera-t-il de nous dans l'autre monde, celui que nous rejoindrons bientôt, si nous continuons de répandre ainsi des parcelles de ce que nous sommes, souvenirs pour les phoques, les glaciers et la mer ?

Ici, l'harmonie semble s'établir de plus en plus entre toutes les formes de vie qui partagent lieux et moments, comme si s'installait graduellement entre nous une certaine forme d'éternité. Notre aventure a eu un commencement, mais, malgré le départ, la distance et l'inévitable finalité du temps, elle ne saurait avoir de fin véritable. N'est-ce pas là l'une des définitions de l'éternité ? L'indéfinissable onde de bonheur saura résonner en nous jusqu'à la fin des temps, le nôtre, impérissable souvenir de la simple beauté du monde.

Au bilan, quand nous porterons un regard sur ce que nous sommes devenus, je suis certain que nous aurons trouvé une liberté nouvelle, dégagés de certains artifices qui voilent souvent l'essentiel. Peut-être faut-il cette assurance d'éternité pour que s'exprime et se ressente, enfin, la liberté.

Aujourd'hui, octobre a mis ses plus beaux habits pour inaugurer son passage dans l'année. Aujourd'hui, encore, nous nous sommes gavés des beautés naturelles qui donnent un sens véritable à nos vies. Le privilège exceptionnel que nous offre cette expédition ne saurait se perdre par la simple usure du temps.

Le miracle de la vie s'est encore produit sur notre petite banquise. Difficile de demeurer insensible
devant cette boule de poils qui vous regarde, les yeux mouillés, se mordillant les patoches.

138

Repos paisible pour ce jeune phoque de Weddell (*Leptonychotes weddelli*).

139

Phoque crabier (*Lobodon carcinophagus*).

140

Le soleil réchauffe de plus en plus les hautes parois glacées qui, comme du cristal, craquent et s'écroulent avec grand fracas. Le rythme de la nature a repris. L'éveil se poursuit, et la vie retrouve une cadence naturelle, signe du printemps qui redonne aux éléments une énergie nouvelle.

Quand la nature s'offre ainsi, nous ne pouvons qu'apprécier toute cette beauté qui fascine, charme et ensorcelle. Soudain, sans trop savoir pourquoi ou comment, nous sentons monter en nous une force fraîche qui accroche immédiatement un sourire. Tiens, notre regard sur la vie se transforme de nouveau. Les sombres pensées ne sont plus. Encore une fois, la nature agit sur l'âme et l'esprit, transposant même au corps cette énergie nouvelle. Pendant un instant, nous ressentons cet étrange sentiment qui réconforte, comme si nous touchions à nouveau au printemps de la vie…

Les goélands dominicains s'époumonent au petit matin, planant aux abords de la banquise de plus en plus fracturée par la chaleur d'octobre. Ils manifestent bruyamment leur retour printanier, remplissant le silence de la baie d'une complainte nouvelle. Ce n'est pas que nous n'apprécions pas leurs cris, mais leurs manifestations matinales rejoignent directement nos repères. Si l'on ferme les yeux et que l'on se laisse bercer par leurs complaintes, on se croirait à la maison, sur un bord de mer de l'Atlantique.

La péninsule antarctique se transforme. Son climat polaire, sec et aride n'est plus. De plus en plus, la vie ici change. De nouvelles espèces profitent de la douceur nouvelle du climat pour déloger les espèces qui occupaient les lieux depuis toujours. Un climat maritime tempéré semble vouloir s'installer pour de bon. Avec des moyennes de températures hivernales qui n'ont pas réussi à descendre sous la barre des $-5\,°C$, et un record de basse température qui s'est situé à $-14\,°C$ seulement — et encore, pour une seule nuit ! —, rien ne va plus avec cet hiver qui se compare de plus en plus à celui des provinces maritimes du Canada. Pourtant, tout autour de nous, des glaciers millénaires témoignent de façon éloquente qu'il y a bien eu une époque où il a fait froid.

Cet hiver, il n'y a pas eu de grande banquise pour englacer la péninsule. Partout, des nappes de glace dérivantes se sont formées, puis défaites, pour se reformer de façon éphémère. Cette fragile banquise se constitue de plus en plus tard à l'automne. En fait, dans notre secteur, elle ne s'est bâtie qu'au beau milieu de l'hiver. Il y a déjà longtemps qu'elle a commencé à se fracturer, à se démanteler. Le printemps est donc beaucoup plus précoce. L'hiver n'a donc plus de temps pour se manifester comme avant.

Les hivers autour de la péninsule antarctique ne sont plus ce qu'ils ont été. Le couvert de glace diminue année après année, résultat de toute cette chaleur nouvelle qui transforme l'environnement à une vitesse incroyable. La diminution de la glace augmente de façon spectaculaire l'évaporation, et donc l'augmentation de nuages, qui se traduit inévitablement par des précipitations plus abondantes. Nous avons reçu beaucoup de pluie, de neige et de verglas depuis mars dernier.

Sur les collines et les vallons de notre petite baie, la neige s'est accumulée de façon spectaculaire. Pourtant, octobre sonne déjà le retour des premières espèces de manchots qui retournent à leurs sites de reproduction, exactement comme elles l'ont toujours fait depuis des millénaires. Encore cette année, ils ne retrouveront pas les nids, recouverts par une neige trop abondante. Les changements climatiques ont complètement transformé leur environnement en quelques décennies à peine. Jamais les règles naturelles qui permettent l'adaptation des espèces ne parviendront à transformer le calendrier des migrations, pas plus qu'elles ne permettront aux espèces de changer leurs habitudes de vie dans un aussi court délai. À ce rythme, nous assisterons, impuissants, à la disparition tragique de certaines espèces, à une perte toujours plus importante de la biodiversité.

Dans la nature, on ne change pas des millénaires en quelques décennies. C'est pourtant ce que les changements climatiques ont fait. C'est pourtant ce que l'on a fait…

L'installation de la banquise permet enfin une certaine forme de liberté.

Le hockey sur glace, un sport national pour la majorité des membres de l'expédition.
Une nouvelle équipe : les pingouins de l'Antarctique…

143

Jour d'été sans nuit, tu laisses au temps le plaisir de s'exprimer dans toute sa splendeur.

144

La pluie tombe, et elle tombe à seaux. On ne parle plus de cette pluie humide qui dépose d'imperceptibles gouttelettes sur les haubans et le gréement. On parle plutôt d'une véritable douche antarctique, une pluie diluvienne, un véritable déluge qui scellera sans doute le sort de notre fragile banquise.

Adieu, sports d'hiver, traîneaux, skis et raquettes. Derniers souffles de vie également pour nos igloos rabougris, affalés par le poids du temps et de l'ondée ravageuse. Nous avons ressorti les imperméables et rangé les duvets d'oie. Remisé les bottillons à doubles isolants feutrés pour enfiler les bonnes vieilles chaussures de voile. Doux printemps, ne vois-tu pas que toutes ces larmes affectent et fragilisent ce monde de glace ? Triste transition des saisons, surtout en ces lieux où la pluie ne devrait être qu'exception.

Le vent transporte cette pluie froide et pénétrante, fouettant nos visages crispés qui dégoulinent à la tâche. Toute la journée, ces averses ont déversé sur nos âmes une certaine dose d'amertume, fiel inexplicable du temps qui distille la pensée d'un retour annoncé. Jusqu'à maintenant, climat, décors et instants présents nous rattachaient encore à l'hiver, et le départ n'était qu'illusion lointaine. Aujourd'hui, la pluie est venue laver les leurres de notre esprit, et tout s'est esquissé clairement dans nos intérieurs fragiles et divisés. Paradoxe du lieu, du temps et de nos envies les plus chères, nous disons temporairement oui au départ, mais non au retour. Aujourd'hui seulement, quelques gouttes sur le parapluie de nos âmes sont venues tambouriner les musiques d'une partance inévitable, d'un abandon volontaire de tout ce qui nous a tant apporté, de tout ce que nous avons véritablement aimé. Notre regard aura changé, à tout jamais, essentiel et vrai, et c'est ce que nous espérons rapporter dans nos bagages et dans nos souvenirs intérieurs.

Le beau temps s'annonce souvent en averses et tourments. Les belles journées sont devant nous et, bientôt, quand les hommes regagneront le dernier continent, le soleil saura les accueillir avec sa chaleur estivale et ses lumières de paradis. Jour d'été sans nuit, tu laisses au temps le plaisir de s'exprimer dans toute sa splendeur. Il n'y a pas plus bel endroit sur la Terre pour voir et comprendre, surtout au cœur de l'été austral. Pour nous, ce sera le chemin inverse, mais nous rapporterons en nos cœurs une portion d'éternité qui ne saurait mourir.

La pluie abondante ne saurait durer. Le sombre ciel qui obscurcit naturellement les pensées ne saurait miner le moral des troupes. Plus maintenant ! Nous laissons peut-être derrière nous une tranche de vie faite d'exceptions et d'aventures inoubliables, mais le simple plaisir de vous retrouver saura effacer la tristesse obligatoire d'un abandon de paradis.

LE GRAND DÉPART

Il n'y a plus que les amarres qui nous rattachent à la terre. Libéré de sa prison de glace, *Sedna* a retrouvé sa valse lente qui rappelle la mer, le grand large. Nous sommes dorénavant les gardes-chiourme qui, volontairement, rament à contre-allure, à contre-courant et, surtout, contre le temps. Tout pour retarder la course qui mène au retour, tout pour ralentir l'infranchissable défi des mers qui mènent vers le nord. Non pas par crainte du gros temps, car nous savons assumer et voir venir avec respect quand la mer monte. Plutôt par contrainte de l'âme qui réclame encore un peu de temps, un peu de temps…

Pourtant, déjà, j'entends le vent dans les haubans, le bruit de la vague contre la coque et je reçois le crachin salé d'une vague brisée par la rafale. Mais tout cela meurt ici, sur le pont de notre immobilité, comme une destination annoncée, comme pour nous rappeler que le jour du départ est proche. Tous ces signes de printemps s'exclament dans un temps d'automne, mélange des saisons qui se manifeste en grisaille d'une langueur inopportune, mais qui, quand même, nous rappelle à vous, celles et ceux en attente sur le quai. Entendez-vous notre corne de brume, longue et lancinante complainte portée par nos vents du sud ? Mais serez-vous prêts à nous retrouver, après tant d'absence ? Saurez-vous nous accueillir en simples Nous, comme nous le souhaitons tant ?

L'heure du départ a sonné. Il faut maintenant regarder devant nous, même si l'eau salée qui coule dans les veines des marins a tendance à déborder devant ce trop-plein d'émotion. Les yeux gonflés par une marée intérieure qui traduit le va-et-vient d'un cœur déchiré entre l'idée de partir et celle de rester, il faut maintenant faire cap vers le nord.

Au matin, perdu en songes de retrouvailles sur le pont, je regardais la mer se former. Toutes voiles dehors, nous filions vers notre ancien monde à plus de onze nœuds ! *Sedna*, comme une monture qui connaît le chemin de l'écurie, se donnait entièrement pour engranger les milles à une vitesse record. Puis les vents ont gagné en intensité. Des vents du sud, des vents qui venaient directement de l'Antarctique, des vents de chez nous, venus nous saluer une dernière fois. À vingt nœuds, nous étions contents de les revoir. À trente, ravis de leur aide. À quarante et plus, nous n'en demandions pas tant…

Ça sent la terre ! Il y a longtemps que je n'ai pas senti la terre.

Le dernier tronçon de route est interminable. Il n'y a plus d'espoir de recul. Nous ne pouvons plus rebrousser chemin, et l'arrivée est imminente. Il faut maintenant nous préparer en conséquence, cesser de regarder derrière nous pour affronter notre avenir incertain, imprévisible. Le corps encaisse bien les coups du retour, mais l'esprit semble être demeuré derrière, quelque part sur les restes de la petite banquise de notre petite baie. L'Antarctique nous manque déjà, et tout va trop vite. Demain, les vents forts du nord apporteront la chaleur du continent. Nous devrions frôler les 20 °C. Nous venons à peine de quitter le grand continent de glace que nous voilà plongés au cœur de l'été austral. Comme cette planète est petite…

Les vagues des quarantièmes ont réussi à mettre mon cœur en gigue, et le brassage d'idées des derniers jours, sans doute provoqué par la forte mer, ne cesse de m'inspirer des questions sur ce retour prévu. Il est temps de rentrer à la maison, de faire face aux responsabilités avec un nouveau bagage de connaissances personnelles et des valeurs nouvelles. Nous sommes partis documenter l'une des situations environnementales les plus criantes de notre époque. Avec notre fonctionnement sociétal basé sur la surconsommation, nous avons oublié la Terre, et la vie qui la peuple. Par le fait même, nous nous sommes oubliés et nous laisserons en héritage aux générations futures la facture de notre insouciance. Nous le crierons haut et fort. Nous continuerons de sensibiliser la planète pour que le changement enfante une vie nouvelle, plus respectueuse, plus responsable.

Nous sommes aussi partis pour réaliser un extraordinaire cheminement personnel. Nous sommes peu nombreux à pouvoir nous offrir 430 jours de réflexion sur ce que nous sommes et ce que nous voulons devenir. Nous revenons transformés par la vie, par ce contact exceptionnel avec une nature qui, dans son intimité, se présente un peu à notre image : forte et fragile. Intégrer l'essentiel et le respect de la vie dans notre quotidien nous semble aujourd'hui la seule et unique façon d'entrevoir l'avenir. Mais que restera-t-il de tout ça dans six mois, dans un an, quand nous aurons inévitablement repris le rythme de vie qui caractérise nos sociétés ? La recherche d'un certain équilibre personnel, basé sur des valeurs nouvelles, constitue donc la prochaine mission.

Je ne regarde déjà plus le ciel de la même façon, pas plus que je ne porterai le même regard sur l'arbre, la fleur, la vie. Pas plus que je ne vous verrai avec les mêmes yeux, et vous pourrez sentir l'Antarctique dans mon regard. Comment ne pas revenir transformé par ce voyage au bout de la vie ?

148

Aujourd'hui, ça sent la terre. Dans les affres du retour, ses effluves capiteux soulagent et consolent, parce qu'ils transportent la chair parfumée de ceux et celles que l'on aime. Le rêve s'installe peu à peu pour laisser l'imagination s'exprimer. Aujourd'hui, enfin, nous laissons tomber les barrières et les protections de l'isolement. Si près de l'arrivée, nous nous donnons le droit de rêver à vous.

Il aura fallu beaucoup de temps, de patience, de dévotion presque, mais nous revenons à la maison, le cœur chargé d'essentiel et de vérités. Nous revenons à la maison pour humer le parfum de cette terre que nous avons laissée derrière nous, arôme suave qui nous rappelle ce que nous sommes, ce que vous êtes et ce que nous souhaitons devenir. Fragrance vitale, bouquet de vie, nous sentons enfin tes parfums caresser l'étrave de notre vaisseau.

Dans l'émanation des sens nouvellement éveillés, le sommeil n'est plus depuis longtemps. Cette nuit encore, sur le pont et dans le nord-ouest, nous chercherons votre indice olfactif, traces nocturnes et douces exhalaisons transportées par le vent de la terre, souffle du nord qui, dans la nuit et sous ces latitudes, ranime la chaleur intérieure qui brûle encore.

Cette nuit, ça sent la terre. Parfum de vous, nous suivons l'effluve qui, plus que les étoiles, guide notre voilier dans les ténèbres de la nuit. Cette nuit, pour de bon, nous revenons à la maison.

Le jour continue de voler du temps à la nuit. La noirceur s'achève, comme ce long voyage au bout de la vie. Cette nuit en Antarctique sera la dernière. Il y a si longtemps que je n'ai pas ressenti la fin.

Les images, les souvenirs et les mémoires du temps doivent maintenant se conserver en réserves précieuses, dissimulées au plus profond de nous. Nous en aurons besoin pour ne jamais oublier la force silencieuse et la beauté du monde. Après 430 jours d'expédition, le jour continue de voler du temps à la nuit. La noirceur s'achève, comme ce long voyage au bout de nos vies. Aujourd'hui, je rentre à la maison, conscient que plus rien ne sera pareil désormais. Mais une partie de moi demeure ici, comme une portion d'éternité qui refuse de mourir.

Crédits photos

Archives Jean Lemire : page 157.

Amélie Breton : pages 20, 103, 124.

Mario Cyr : pages 10, 30, 71 (photo du bas), 98, 102 (photo du haut), 114, 120, 122, 123.

Claude Fortin : page 153.

Frank Hurley : pages 71 (photo du haut), 135 (photo du haut).

Sylvain Lalande : pages 154, 155.

Martin Leclerc : pages 65, 134, 135 (photo du bas), 142, 143.

Jean Lemire : pages 2, 4, 16, 21, 22, 23, 24, 25, 26-27, 29, 32, 35, 36, 38, 42, 44, 46, 49, 50-51, 52, 54, 56, 58, 60-61, 62, 63, 64, 66, 67, 68, 73, 74, 75, 76, 78, 80, 83, 85, 89, 91, 93, 94-95, 96, 97, 104, 107, 111, 116, 118, 119, 126-127, 128, 129, 131, 133, 136, 138, 139, 140, 144, 146-147, 150-151, 152.

Stéphan Menghi : pages 86, 102 (photo du bas).

Pascale Otis : pages 1, 8, 92, couverture 4.

François Prévost : pages 13, 108, 113, 121, 132.

Sébastien Roy : page 158.

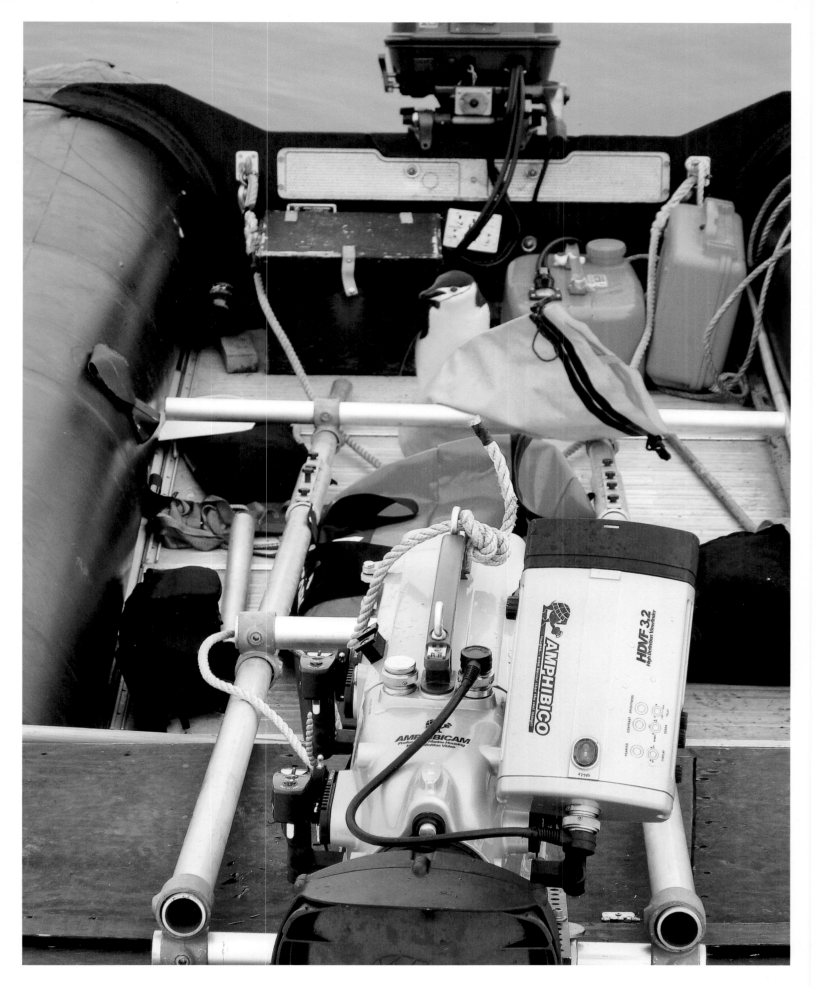

Un passager clandestin s'est introduit dans notre bateau pneumatique. Nouveau capitaine? Trouvez-le.

153

JARRETS D'AGNEAU CONFITS

Jarrets

4 jarrets d'agneau de 400 à 500 g
250 ml de gras de canard
2 gousses d'ail (pelées)

2 branches de romarin
Saumure
(2 tasses de sel dans 4,5 l d'eau)

Laisser tremper les jarrets en saumure 4 heures. Retirer les jarrets de la saumure. Piquer chacun des jarrets d'une demi-gousse d'ail. Placer les jarrets dans un sac de cuisson avec le romarin et le gras de canard. Retirer l'air du sac de cuisson et le plonger dans l'eau frémissante. Cuire 6 heures. La viande est cuite lorsqu'elle se détache aisément de l'os. Réserver au frais.

Sauce

250 ml de gelée d'agneau
(récupérée de la cuisson des jarrets)
500 ml de sauce tomate
(utiliser les conserves de tomates Aurora Pezzettoni)
200 ml de fond d'agneau

Dans une casserole, récupérer le fond gélatineux qui s'est formé au fond du sac lors de la cuisson des jarrets. Il devrait y en avoir environ 250 ml. Ajouter la sauce tomate et le fond d'agneau. Amener à ébullition et laisser réduire d'environ la moitié. Réserver.

Lentilles

100 g de lentilles vertes du Puy
1 petit oignon (émincé)
50 g (150 ml) de champignons
de Paris couleur café (émincés)

150 ml d'huile d'olive
50 ml de vinaigre de vin rouge
Sel

Faire bouillir les lentilles dans l'eau environ 40 minutes, jusqu'à ce qu'elles soient fondantes. Égoutter. Étaler l'oignon et les champignons au fond d'un bol avant de les recouvrir des lentilles encore chaudes. Couvrir et laisser reposer 5 minutes. La chaleur des lentilles suffira à faire tomber l'oignon et les champignons. Incorporer ensuite au mélange de lentilles l'huile d'olive et le vinaigre de vin rouge. Saler.

Crème d'ail

2 têtes d'ail (pelées)
200 ml de crème 35 % M.G.

Dans une casserole, laisser mijoter les 2 têtes d'ail dans la crème 45 minutes à feu doux. Passer la crème et l'ail au mélangeur. Passer enfin la crème au tamis fin pour obtenir une belle texture lisse. Réserver.

Cuisson finale des jarrets et dressage

2 tomates (tranchées et marinées
dans l'huile d'olive avec du persil et du sel)

Placer les jarrets et la sauce dans une poêle allant au four. Réchauffer les jarrets au four à 150°C (300°F) environ 20 minutes, en les arrosant régulièrement pour qu'ils soient bien glacés. Déposer les jarrets sur les lentilles. Napper les jarrets de la sauce restante dans la poêle. Couler un filet de crème d'ail dans l'assiette. Garnir les jarrets de tranches de tomates marinées et couronner de quelques tours de moulin à poivre.

Pour quatre personnes

La nourriture de l'âme…

Dans ce monde aux mille privations, les repas constituaient des consolations essentielles à nos vies recluses, de réels petits bonheurs au quotidien. Notre nourriture, de très grande qualité, jumelée au talent de notre chef, Joëlle, a facilité le passage du temps. Du cerf biologique de la ferme Boileau, en passant par l'omble de l'Arctique pêché par nos amis inuits, tout a été prévu pour la jouissance de la bouche. On trouve ses petits plaisirs où l'on peut… Un plaisir particulier, souvent le vendredi soir : le jarret d'agneau du chef et ami Martin Picard, du restaurant Au pied de cochon. Nous en avions plus de 500, scellés sous vide, préparés avec soin par le personnel du restaurant juste avant le départ. Pour partager le plaisir, le grand chef vous offre sa recette. Bon appétit!

155

Jean Lemire
CHEF DE MISSION

Une mouche à feu scintillant dans le soir a de quoi intriguer le petit Jean Lemire qui, à six ans, montre déjà une grande curiosité pour la vie qui l'entoure : si on mettait la petite luciole dans un bocal en verre, elle saurait sûrement éclairer sa chambre… Déception. L'enfant se réveille et l'insecte mort ne dispense aucune lumière. Toute la trajectoire professionnelle de Jean Lemire réside déjà dans cette volonté de comprendre les mécanismes qui animent toutes choses.

En grandissant, Jean n'a pas cessé de s'intéresser à la vie animale tout en se cherchant un peu. Serait-il biologiste, comédien ou joueur de hockey professionnel ? Premier de classe, c'est surtout un travailleur acharné, débordant d'une énergie impossible à juguler. Rien ne semble hors de sa portée. Les objectifs qu'il se fixe, il se doit de les atteindre par tous les moyens.

Les années 1980 vont être marquantes pour le jeune Lemire qui part faire un stage à la Station de recherche des îles Mingan. Il aime l'aventure et est épris de liberté. Il ne sait pas encore que son travail sur les écosystèmes marins va déclencher en lui une folle passion pour les baleines. Une passion qui ne se démentira jamais.

Comprendre le comportement animal au point de passer cinq heures en compagnie d'une baleine bleue est un moment mémorable de sa vie de biologiste sur le terrain. Ce mammifère, si proche de l'humain, est en quelque sorte le symbole d'une humanité en péril que Jean Lemire tente de sensibiliser à la fragilité des écosystèmes de la planète.

Autre séjour déterminant. Celui qu'il a passé à l'Université d'Hawaii. Durant plusieurs hivers, il accompagnera un groupe d'étudiants qui se consacre à l'observation des comportements de reproduction des baleines. À l'aide d'une caméra, un outil tout nouveau pour Jean Lemire, il faut plonger et encore plonger avec les baleines pour essayer de comprendre leur code et les interactions entre les mâles qui courtisent les femelles. Toute une expérience de la vie amoureuse !

Mais, pour devenir vulgarisateur scientifique, il a voulu apprendre le métier de photographe et de cinéaste afin de pouvoir communiquer à un large public sa connaissance des grands enjeux environnementaux. Habitué à scruter les vastes horizons et à discerner les différents types de baleine, son œil était suffisamment exercé pour faire du biologiste aventurier un redoutable capteur d'images. Ses nombreux films gagnants de prix prestigieux sont imprégnés de la poésie d'un homme qui ne craint pas de se définir comme un rêveur, sinon comme un idéaliste. Mais n'est-ce pas justement du rêve que naissent les grandes causes ?

C'est ainsi qu'il est devenu en 2002, à bord de son voilier de 51 mètres, le septième marin à diriger un formidable équipage et à ainsi réussir le passage du Nord-Ouest. Le *Sedna* a traversé l'Arctique d'est en ouest, faisant escale en des lieux rarement visités. Cette *Mission Arctique* avait pour but d'étudier et de documenter en images les conséquences troublantes engendrées par le réchauffement climatique. *Mission Arctique* a été vue par des centaines de millions de téléspectateurs dans le monde.

Quand on s'appelle Jean Lemire, on ne reste pas longtemps inactif. Le scientifique va donc entreprendre *Mission Baleines* en 2003 qui propulse le *Sedna* de l'Islande au Groenland, en passant par le golfe du Maine, sur la route des baleiniers du dix-neuvième siècle. Le but, cette fois, est de revisiter les anciens sites de chasse de l'Atlantique Nord à la recherche des dernières baleines franches, menacées d'extinction, et de lever le voile sur le grand mystère de leur migration.

Enfin, il fallait à Jean Lemire beaucoup d'énergie, de passion, d'audace et presque de naïveté pour entreprendre la plus importante mission de sa vie à bord du prestigieux et magnifique voilier océanographique *Sedna IV*. Cette incroyable épopée humaine est certainement l'une des plus grandes expéditions des temps modernes. Pas moins de 430 jours d'enfermement et de navigation extrême, entre 2005 et 2006, ont été nécessaires à la mission pour documenter l'effet des changements climatiques sur la péninsule antarctique. Là encore, le cinéaste et le scientifique font bon ménage !

Selon ses amis, on ne peut échapper à son charisme, à son sourire. Il faut en effet savoir séduire, conquérir, pour réussir des exploits hors du commun, avec des hommes et des femmes prêts à donner le meilleur d'eux-mêmes. Ajoutons que l'homme est aussi un perfectionniste, conscient de la lourde responsabilité qu'à chacune de ses entreprises il porte sur ses épaules. Mais il sait aussi rire jusqu'à en perdre le souffle. Et si vous rencontrez Jean Lemire, regardez bien ses yeux. D'un bleu océan qui entraîne son vis-à-vis dans une immensité intérieure…

157

Légendes des doubles pages

Pages 26-27

Un visiteur de marque dans la baie Sedna : le manchot empereur (*Aptenodytes forsteri*).

Pages 60-61

Manchots royaux (*Aptenodytes patagonicus*), île de Géorgie du Sud.

Pages 94-95

Un groupe de manchots Adélie (*Pygoscelis adeliae)* retourne à la mer.

Légendes des pleines pages

Page 2

La sterne arctique (*Sterna paradisaea*) parcours le globe, de l'Arctique en été à l'Antarctique en hiver.

Page 4

Un rorqual à bosse (*Megaptera novaeangliae)* se tient en équilibre devant la caméra du photographe.

Page 8

Marche sur la plage pour trois manchots royaux (*Aptenodytes patagonicus*).

Page 10

La méduse antarctique (*Desmonema glaciale*).

Page 42

L'albatros hurleur (*Diomedea exulans*) le plus grand oiseau volant de la planète, avec une envergure pouvant atteindre 3,6 mètres.

Page 44

Pas de chance pour ce jeune cormoran impérial (*Phalacrocorax atriceps*).

Page 56

Gorfou sauteur (*Eudyptes chrysocome*).

Page 116

Les nuages nacrés sont constitués de minuscules gouttelettes d'eau ou de particules sphériques de glace. Ces cristaux de glace agissent comme des prismes qui décomposent la lumière.

Page 122

Ce ver polychète donne l'impression d'être un monstre marin à côté de notre plongeur. Détrompez-vous ! Il ne fait que quelques centimètres à peine. Son passage juste devant la caméra créé l'illusion optique.

Page 123

La faune sous-marine (montage photographique) : le krill, petit crustacé aux allures de crevette ; l'ange de mer, ou clione ; le cténophore et le poisson dragon.

Couverture imprimée sur papier
Feltweave blanc recyclé.

 © Sources Mixtes
Groupe de produits issu de forêts
bien gérées, de sources contrôlées
et de bois ou fibres recyclés.
FSC   www.fsc.org   Cert no. SGS-COC-2570
© 1996 Forest Stewardship Council

Achevé d'imprimer en octobre 2007
sur les presses de l'imprimerie
Transcontinental Québec